ANNALES CORRIGÉES
CONCOURS DE LA FONCTION PUBLIQUE TERRITORIALE

Adjoint administratif principal de 2e classe 2019
Concours et examen

Concours externe, interne et 3e concours
Concours professionnel d'avancement de grade

Catégorie C

La Documentation française

Les étapes pour réussir le concours ou l'examen

ANNEXES

SOMMAIRE

+ une sélection des meilleures copies de candidats accompagnées des appréciations et des notes des correcteurs vous permettant d'évaluer le niveau requis ;

+ enfin, le rapport du président du jury contenant des informations essentielles sur le taux de réussite et les attentes des examinateurs.

COMMENT UTILISER CET OUVRAGE ?

Les sujets des épreuves sont présentés tels qu'ils ont été proposés aux candidats. Vous avez donc la possibilité de vous exercer dans les conditions réelles du concours, à condition de respecter le temps imparti.

La lecture attentive de l'ensemble des documents officiels est vivement recommandée. On s'attachera en particulier à la description de chaque épreuve.

Les publications conseillées à la fin de ce volume complèteront vos connaissances et la méthode à acquérir pour réussir chacune des épreuves.

Nous vous souhaitons une bonne préparation
et vous présentons tous nos vœux de réussite.

Les clefs de votre réussite sont dans cet ouvrage

Vous délivrer les informations officielles essentielles et vous faire découvrir les conditions réelles des épreuves pour vous y préparer, tels sont les objectifs de la collection des « Annales corrigées ».

En charge de la conception de sujets et de l'organisation d'épreuves, la Direction des concours du CIG petite couronne* est à la source et au cœur du dispositif. Elle dirige à ce titre cette collection.

Avec cet ouvrage, vous êtes en situation de vous exercer et en mesure de vous évaluer sur les épreuves de la dernière session.

À QUI S'ADRESSE-T-IL ?

À tous ceux qui souhaitent se présenter au concours et à l'examen professionnel d'avancement de grade d'adjoint administratif principal de 2e classe de la fonction publique territoriale.

Le recrutement des fonctionnaires se fait par concours. Celui-ci permet à la fois de vérifier les compétences des candidats et d'assurer l'égalité d'accès à l'emploi territorial, en évitant toute discrimination.

En fonction de votre situation, et sous réserve de remplir certaines conditions, vous pourrez vous inscrire à l'un des concours (externe, interne ou troisième concours). Les conditions particulières des différentes voies d'accès sont détaillées dans cet ouvrage.

Le grade d'adjoint administratif principal de 2e classe dont il est question ici donne accès à des postes administratifs d'exécution dans la fonction publique territoriale : accueil, secrétariat, gestion administrative, comptabilité…

QUE CONTIENT-IL ?

Cet ouvrage contient toutes les épreuves de la session 2018 du concours d'adjoint administratif principal de 2e classe organisé par le CIG de la petite couronne, et celles de la session 2017 de l'examen professionnel d'avancement de grade d'adjoint administratif principal de 2e classe organisé par le CIG de la grande couronne.

Vous y trouverez :

+ des renseignements utiles concernant votre inscription et des conseils pour votre préparation ;
+ le cadrage de chacune des épreuves écrites et orales. Il vous renseigne sur leur nature et détaille les consignes données aux concepteurs des sujets et aux correcteurs ; enfin, il fait le point avec précision sur les attentes du jury ;
+ tous les sujets des épreuves écrites avec des indications de correction ;

* *Centre interdépartemental de gestion de la petite couronne de la région Île-de-France.*

Approfondir sa connaissance de l'emploi territorial

Qu'est-ce que la fonction publique territoriale ?

Les employeurs

La fonction publique territoriale regroupe plus de 1,9 million d'agents répartis entre près de 45 000 employeurs locaux. Ceux-ci gèrent les collectivités territoriales (communes, départements et régions) et les établissements publics locaux : CCAS, communautés urbaines, communautés de communes, communautés d'agglomération, syndicats intercommunaux, métropoles, etc.

Les métiers

Ces collectivités et ces établissements publics qui prennent en charge les intérêts de la population sur un territoire précis offrent de nombreuses opportunités d'emploi à travers 230 métiers dont beaucoup sont exercés en grande proximité avec les usagers.

La fonction publique territoriale permet à la fois d'intéressantes évolutions de carrière et une certaine mobilité en changeant d'employeur. Grâce à la formation professionnelle, une évolution dans la hiérarchie ou une reconversion dans un autre métier sont aussi possibles.

Le statut

Le mouvement de décentralisation des années 1980 a conduit en 1984 à la création de la fonction publique territoriale. Elle réunit sous un même statut les agents travaillant dans ces collectivités et établissements publics : les fonctionnaires territoriaux.

De même que la fonction publique de l'État et la fonction publique hospitalière sont organisées en corps, la fonction publique territoriale est constituée de cadres d'emplois.

Qu'est-ce qu'un cadre d'emplois ?

Un cadre d'emplois regroupe les fonctionnaires territoriaux soumis au même statut particulier.

Le statut particulier précise, pour l'ensemble des fonctionnaires d'un même cadre d'emplois, les règles d'accès au concours, de déroulement de carrière, de formation, de promotion, de mobilité. Il définit aussi les différentes fonctions ou emplois pouvant être exercés.

La catégorie

Les cadres d'emplois sont classés en catégories A, B, et C correspondant à la nature des fonctions et au degré de qualification exigé des agents :

- catégorie A : fonctions de direction et de conception ;
- catégorie B : fonctions d'application ;
- catégorie C : fonctions d'exécution.

+ Le cadre d'emplois des adjoints administratifs territoriaux relève de la catégorie C.

Le grade

Le cadre d'emplois peut regrouper plusieurs grades.

Celui des adjoints administratifs territoriaux en comprend trois :
– adjoint administratif : premier grade, accès direct sans concours ;
– adjoint administratif principal de 2e classe : deuxième grade, accès par concours externe, interne et troisième concours ; ou accès par avancement de grade sous conditions ; ou accès par examen professionnel d'avancement de grade sous conditions ;
– adjoint administratif principal de 1re classe, 3e grade, accès par avancement de grade.

Quels sont les emplois exercés par les adjoints administratifs territoriaux ?

C'est le décret no 2006-1690 du 22 décembre 2006 modifié portant statut particulier du cadre d'emplois des adjoints administratifs territoriaux qui définit leurs fonctions :

« I. – Les adjoints administratifs territoriaux sont chargés de tâches administratives d'exécution, qui supposent la connaissance et comportent l'application de règles administratives et comptables.

« Ils peuvent être chargés d'effectuer divers travaux de bureautique et être affectés à l'utilisation des matériels de télécommunication.

« Ils peuvent être chargés d'effectuer des enquêtes administratives et d'établir des rapports nécessaires à l'instruction de dossiers.

« Ils peuvent être chargés de placer les usagers d'emplacements publics, de calculer et de percevoir le montant des redevances exigibles de ces usagers.

« II. – Lorsqu'ils relèvent des grades d'avancement, les adjoints administratifs territoriaux assurent plus particulièrement les fonctions d'accueil et les travaux de guichet, la correspondance administrative et les travaux de comptabilité.

« Ils peuvent participer à la mise en œuvre de l'action de la collectivité dans les domaines économique, social, culturel et sportif.

« Ils peuvent être chargés de la constitution, de la mise à jour et de l'exploitation de la documentation ainsi que de travaux d'ordre.

« Ils peuvent centraliser les redevances exigibles des usagers et en assurer eux-mêmes la perception.

« Ils peuvent être chargés d'assurer la bonne utilisation des matériels de télécommunication.

« Ils peuvent être chargés du secrétariat de mairie dans une commune de moins de 2 000 habitants.

« Ils peuvent se voir confier la coordination de l'activité d'adjoints administratifs territoriaux du premier grade. »

Quels sont les modes de recrutement ?

Le concours est le principal mode de recrutement des fonctionnaires territoriaux.

Il n'y a pas de limite d'âge pour les concours organisés par les centres de gestion, ni de limitation au nombre de participations.

La réussite au concours ne vaut pas recrutement mais inscription sur une liste d'aptitude à valeur nationale. Il appartient au candidat lauréat d'un concours de se rapprocher des collectivités susceptibles de recruter, soit en répondant à des petites annonces publiées sur internet ou dans la presse, soit en adressant des candidatures spontanées à des collectivités territoriales. Certaines collectivités adressent également parfois directement des propositions d'entretien d'embauche aux lauréats.

Par ailleurs, il existe une possibilité de recrutement direct dans certains grades de catégorie C : adjoint administratif, adjoint du patrimoine, adjoint technique, agent social, adjoint d'animation, adjoint technique des établissements d'enseignement. Il convient d'adresser directement une candidature spontanée aux collectivités.

Enfin, si les emplois répondant à un besoin permanent sont, conformément à la loi, occupés par des fonctionnaires, un certain nombre de dérogations sont prévues, fixant les conditions d'emploi d'agents non titulaires : remplacement, absence de candidature de fonctionnaires... et les emplois ne correspondant pas à un besoin permanent – emplois occasionnels ou saisonniers par exemple – ne peuvent être, quant à eux, occupés que par des agents non titulaires.

Respecter la procédure d'inscription

Le concours et l'examen professionnel d'avancement de grade d'adjoint administratif principal de 2e classe de la fonction publique territoriale sont organisés par les centres de gestion, auprès desquels vous devez vous inscrire. Vous trouverez l'adresse du site internet du centre de gestion de votre département en consultant le site de la Fédération nationale des centres de gestion de la fonction publique territoriale (*www.fncdg.com*).

Renseignez-vous bien sur les formalités à respecter. La plupart des centres de gestion proposent maintenant une préinscription en ligne obligatoire. Mais attention, dans la plupart des centres de gestion, seul le dossier papier accompagné des pièces à joindre (diplôme, état de services…) envoyé dans les délais fixés valide l'inscription.

+ Attention : vérifiez bien les dates de retrait et les dates limites de dépôt des dossiers d'inscription fixées par votre centre de gestion. Ces dates sont impératives et n'admettent aucune dérogation, le cachet de la poste faisant foi.

Quelles conditions remplir pour s'inscrire au concours ?

Conditions générales de recrutement

– posséder la nationalité française ou celle de l'un des autres États membres de l'Union européenne ou d'un État partie à l'accord sur l'Espace économique européen ;
– jouir de ses droits civiques dans l'État dont on est ressortissant ;
– ne pas avoir subi une condamnation incompatible avec l'exercice des fonctions ;
– être en position régulière au regard des obligations de service national de l'État dont on est ressortissant ;
– remplir les conditions d'aptitude physique exigées pour l'exercice de la fonction compte tenu des possibilités de compensation du handicap.

+ Selon la voie de concours dans laquelle ils souhaitent s'inscrire, les candidats doivent également remplir d'autres conditions d'ancienneté, de diplôme…

Sont dispensés de condition de diplôme

– les mères et les pères d'au moins trois enfants qu'ils élèvent ou ont élevés effectivement ;
– les sportifs de haut niveau figurant sur la liste publiée l'année du concours par le ministre chargé des Sports.

Dispositions applicables aux candidats handicapés

Les candidats reconnus handicapés par la Commission des droits et de l'autonomie des personnes handicapées peuvent bénéficier d'un aménagement spécial des épreuves prévues par la réglementation : adaptation de la durée, fractionnement des épreuves, aides humaines et techniques.

L'octroi d'aménagements d'épreuves est subordonné à la production d'une demande du candidat accompagnée :

– de la notification de la décision de la commission lui reconnaissant la qualité de travailleur handicapé et l'orientant en milieu ordinaire de travail ;

– d'un certificat médical délivré par un médecin généraliste agréé par le préfet du département de son lieu de résidence, confirmant la compatibilité de son handicap avec l'emploi auquel le concours ou l'examen professionnel donne accès et précisant l'aménagement nécessaire.

Remarque : l'article 1er du décret nº 96-1087 du 10 décembre 1996 modifié prévoit que les travailleurs handicapés peuvent être recrutés directement sans concours. Ils sont engagés en qualité d'agent contractuel puis titularisés à la fin du contrat lorsque leur handicap a été jugé compatible avec l'emploi postulé.

Conditions particulières selon les voies de concours

Concours externe

Le concours externe d'adjoint administratif principal de 2e classe vous concerne si vous êtes titulaire d'un titre ou diplôme professionnel, délivré au nom de l'État et inscrit au répertoire national des certifications professionnelles, classé au moins au niveau V, ou d'une qualification reconnue comme équivalente (BEP, CAP…).

Si vous ne détenez pas un titre ou diplôme de ce type, vous avez la possibilité de solliciter une demande de reconnaissance d'équivalence de diplôme ou d'expérience professionnelle.

Demande d'équivalence

Peuvent se présenter au concours, sous réserve de remplir les conditions générales de recrutement, les candidats qui justifient de qualifications au moins équivalentes aux diplômes requis attestées :

– par un titre de formation ou une attestation de compétence sanctionnant un cycle d'études équivalent, compte tenu de sa durée et de sa nature, au cycle d'études nécessaire pour obtenir l'un des diplômes requis ;

– par un titre de formation ou une attestation de compétence délivré par un État autre que la France, membre de l'Union européenne ou partie à l'accord sur l'Espace économique européen qui permet l'exercice d'une profession comparable dans cet État au sens des articles 11 et 13 de la Directive 2005/36/CE, sous réserves d'une part que ce titre ou cette attestation de compétence soit d'un niveau au moins équivalent au niveau immédiatement inférieur au cycle d'études nécessaire pour obtenir l'un des diplômes requis, et d'autre part des dispositions de l'article 10 du décret nº 2007-196 relatif aux équivalences de diplômes requises pour se présenter aux concours d'accès aux corps et cadres d'emplois de la fonction publique.

Lorsque le candidat justifie soit d'un titre de formation dont la durée est inférieure d'au moins un an à celle requise par le cycle d'études nécessaire pour obtenir le titre requis, soit d'un titre portant sur des matières substantiellement différentes de celles couvertes par le titre de formation requis, la commission vérifie, le cas échéant, que les connaissances acquises par le candidat au cours de son expérience professionnelle sont de nature à compenser en tout ou partie les différences substantielles de durée ou de matière constatée.

Le candidat qui justifie de l'exercice d'une activité professionnelle salariée ou non salariée, exercée de façon continue ou non, pendant une durée totale cumulée d'au moins trois ans à temps plein dans l'exercice d'une profession comparable par sa nature et son niveau à celle à laquelle la réussite au concours permet l'accès peut

+ Si vous ne possédez pas le diplôme requis, ou possédez un diplôme délivré par un autre État que la France, ou justifiez d'une expérience professionnelle, vous devez présenter une demande d'équivalence de diplôme à la commission compétente du CNFPT, sans attendre l'inscription au concours :

+ Centre national de la fonction publique territoriale – Secrétariat de la commission nationale d'équivalence de diplômes – 80 rue de Reuilly – CS 41232 – 75578 Paris cedex 12. (Dossier à télécharger sur *www.cnfpt.fr*).

+ Vous avez jusqu'au jour de la première épreuve pour délivrer la décision de la commission.

+ Pour plus d'information sur les équivalences de diplômes, rapprochez-vous du centre de gestion organisateur du concours.

également demander à la commission l'autorisation de s'inscrire au concours. Les périodes de formation initiale ou continue, quel que soit le statut de la personne, ainsi que les stages et les périodes de formation en milieu professionnel accomplis pour la préparation d'un diplôme ou d'un titre ne sont pas pris en compte dans le calcul de la durée d'expérience requise.

Le candidat est tenu de fournir, à l'appui de sa demande d'équivalence, une copie du diplôme ou titre, le cas échéant, dans une traduction en français établie par un traducteur assermenté.

Concours interne

Il vous concerne si vous travaillez déjà dans la fonction publique : fonctionnaires et agents publics non titulaires des trois fonctions publiques en activité, ainsi que les agents en fonction dans une organisation internationale intergouvernementale.

Pour vous présenter au concours interne, vous devez justifier au 1er janvier de l'année du concours d'une année au moins de services publics effectifs, compte non tenu des périodes de stage ou de formation dans une école ou un établissement ouvrant accès à un grade de la fonction publique.

Le concours interne est également ouvert aux candidats qui justifient d'une durée de services accomplis dans une administration, un organisme ou un établissement d'un État membre de l'Union européenne ou d'un État partie à l'accord sur l'Espace économique européen autres que la France, dont les missions sont comparables à celles des administrations et des établissements publics dans lesquels les fonctionnaires civils mentionnés à l'article 2 de la loi nº 83-634 du 13 juillet 1983, exercent leurs fonctions, et qui ont, le cas échéant, reçu dans l'un de ces États une formation équivalente à celle requise par les statuts particuliers pour l'accès aux cadres d'emplois considérés.

Troisième concours

Le troisième concours vous concerne si vous justifiez de l'exercice, pendant une durée de quatre ans au moins, d'une ou de plusieurs activités professionnelles, quelle qu'en soit la nature, d'un ou de plusieurs mandats de membre d'une assemblée élue d'une collectivité territoriale ou d'une ou de plusieurs activités en qualité de responsable, y compris bénévole, d'une association.

Précisions :

– les périodes au cours desquelles le candidat a exercé plusieurs activités ou mandats ne peuvent être prises en compte qu'à un seul titre ;

– la durée de ces activités ou mandats ne peut être prise en compte que si l'intéressé n'avait pas, lorsqu'il les exerçait, la qualité de fonctionnaire, de magistrat, de militaire ou d'agent public.

Toutefois, cette règle ne fait pas obstacle à ce que les activités syndicales des candidats soumis à l'article 23bis de la loi nº 83-634 du 13 juillet 1983 portant droits et obligations des fonctionnaires soient prises en compte pour l'accès au 3e concours ;

– le cumul de plusieurs activités ou mandats peut être pris en compte dans le décompte de la durée de l'expérience nécessaire pour l'accès au 3e concours, dès lors que ces activités ou mandats ne sont pas exercés sur les mêmes périodes ;

– la durée des contrats d'apprentissage et celle des contrats de professionnalisation sont prises en compte dans le calcul de la durée d'activité professionnelle exigée pour se présenter au 3e concours.

Quelles conditions remplir pour l'examen professionnel ?

Cf. le déroulement de carrière page 132.

Comprendre le fonctionnement du concours ou de l'examen

Les différentes phases du concours ou de l'examen

En règle générale, les concours et examens se déroulent en deux phases : une phase d'admissibilité et une phase d'admission. Seuls les candidats déclarés admissibles par le jury peuvent se présenter aux épreuves d'admission.

La première phase, dite d'admissibilité, est composée des épreuves écrites à l'issue desquelles le jury dresse la liste des candidats autorisés à se présenter aux épreuves orales (les admissibles).

La deuxième phase, dite d'admission, est composée des épreuves orales obligatoires à l'issue desquelles le jury dresse la liste des candidats admis.

Les seuils d'admission ne peuvent pas être inférieurs à 10.

Le nombre de postes

Chaque concours est ouvert pour un nombre de postes correspondant aux besoins de recrutement prévisionnels et déclarés par les collectivités pour lesquelles il est organisé. Par conséquent, le nombre de candidats admis est défini par le nombre de postes ouverts (limité et établi à l'avance).

Par ailleurs, le nombre de postes ouverts est déterminé pour chaque voie de concours et parfois par spécialité. Des reports de postes dans certaines limites sont possibles d'une voie vers l'autre au moment du jury d'admission.

Le jury n'est pas tenu de pourvoir l'ensemble des postes ouverts au concours.

+ Les postes à pourvoir sont répartis entre les différentes voies de concours :
- un concours externe ouvert pour 40 % au moins des postes ;
- un concours interne ouvert pour 40 % au plus des postes ;
- un troisième concours ouvert pour 20 % au plus des postes mis aux concours.

Le jury

Chaque concours donne lieu réglementairement à la désignation d'un jury pour toute la durée de l'opération, des épreuves écrites jusqu'au jury d'admission final.

Le jury est souverain pour les différentes opérations et décisions liées au concours.

Les jurys de concours sont composés à parité de trois « collèges », comprenant des élus locaux, des fonctionnaires territoriaux et des personnalités qualifiées.

Le jury doit comprendre parmi ses membres un représentant du personnel tiré au sort parmi les membres de la commission administrative paritaire (CAP) de la catégorie hiérarchique correspondante, auquel s'ajoute pour les concours de catégories A et B un représentant du Centre national de la fonction publique territoriale (CNFPT). Les autres membres sont désignés par l'autorité organisatrice du concours et les listes sont transmises au tribunal administratif.

Par ailleurs, l'article 55 de la loi n° 2012-347 du 12 mars 2012 prévoit qu'à compter de 2015, chaque jury doit respecter une proportion minimale de 40 % de chaque sexe parmi ses membres.

Les travaux sont dirigés par le président de jury ou son suppléant.

Missions du jury :

- choisir les sujets du concours ou de l'examen ;
- compléter le cas échéant un règlement de concours ;
- prendre toute décision relative à la correction ou à l'évaluation des épreuves ;
- assurer si nécessaire la péréquation des notes ;
- arrêter la liste des candidats admissibles puis celle des admis ;
- dresser le bilan du concours ou de l'examen (rapport du président).

Par ailleurs, les membres du jury ont vocation à assurer la police du concours. Le jury prend ainsi toute décision assurant la bonne tenue des épreuves écrites ou orales. Il est également souverain pour prendre toute décision relative au comportement d'un candidat.

Les correcteurs des épreuves écrites

Pour chaque épreuve, sont constitués des binômes de correcteurs puisque chaque copie fait l'objet d'une double correction.

Ces correcteurs sont issus du jury réglementaire mais sont aussi des experts choisis pour leurs compétences spécifiques en lien avec la nature de l'épreuve.

> + Les épreuves écrites sont anonymes et font l'objet d'une double correction.

Chaque correcteur remplit une fiche pour chaque copie, qu'il garde au moment où il confie les copies à son co-correcteur. À l'issue de la double correction, les correcteurs se rencontrent pour attribuer la note finale sur la base de leurs fiches.

Les indications de correction

Rédigées par les concepteurs des sujets, les indications de correction sont diffusées à l'ensemble des correcteurs de tous les centres de gestion organisateurs de l'épreuve. Elles précisent les éléments attendus et font des suggestions sur la manière de traiter le sujet. Elles permettent d'harmoniser la correction des copies et garantissent ainsi l'homogénéité de traitement des candidats. Par ailleurs, chaque copie est corrigée par deux correcteurs qui disposent d'une grille d'évaluation sur laquelle ils inscrivent la note et des commentaires. Ils se rencontrent ensuite pour définir la note finale qui sera le plus souvent la moyenne des deux notes obtenues.

Les examinateurs des épreuves orales

Pour les épreuves orales, sont également constitués des sous-jurys de trois personnes qui respectent les trois collèges du jury réglementaire.

Peuvent également être sollicités des examinateurs complémentaires, experts choisis pour leurs compétences en lien avec la nature de l'épreuve.

Maîtriser les épreuves

Quelles épreuves ?

Concours externe, interne et 3e concours

Les concours externe, interne et le troisième concours comportent chacun deux épreuves écrites d'admissibilité obligatoires, deux épreuves d'admission obligatoires (une épreuve orale et une épreuve pratique), et une épreuve d'admission facultative au choix du candidat au moment de l'inscription.

Tout candidat qui ne participe pas à l'une des épreuves est éliminé. Il est attribué à chaque épreuve une note de 0 à 20. Chaque note est multipliée par le coefficient correspondant.

Toute note inférieure à 5 sur 20 à l'une des épreuves d'admissibilité entraîne l'élimination du candidat.

Seuls les candidats déclarés admissibles par le jury peuvent se présenter aux épreuves d'admission.

Épreuves écrites d'admissibilité obligatoires	**Épreuve écrite de français** Comportant, à partir d'un texte d'ordre général, la réponse à des questions destinées à vérifier les capacités de compréhension du candidat et son aptitude à retranscrire et ordonner les idées principales du texte, ainsi que des exercices destinés à évaluer les capacités du candidat en vocabulaire, orthographe et grammaire. ***Durée : 1 heure 30 – Coefficient : 3*** **Établissement d'un tableau numérique** D'après les éléments fournis aux candidats. ***Durée : 1 heure – Coefficient 3***
Épreuves d'admission obligatoires	**Entretien avec le jury** Visant à évaluer l'aptitude du candidat et sa motivation à exercer les missions dévolues aux membres du cadre d'emplois ainsi que ses connaissances de l'environnement professionnel dans lequel il sera appelé à exercer ses fonctions ; pour le concours interne et le troisième concours, cet entretien tend également à apprécier l'expérience du candidat. ***Durée : 15 minutes – Coefficient : 3*** **Épreuve pratique de bureautique** Destinée à vérifier l'aptitude du candidat en matière de traitement de texte, d'utilisation d'un tableur et des technologies de l'information et de la communication. ***Durée : 15 minutes – Coefficient 1***

S'ils en ont exprimé le souhait au moment de leur inscription, les candidats peuvent demander à subir l'une des deux épreuves facultatives suivantes :

Épreuves d'admission facultatives	**Épreuve écrite de langue vivante étrangère** Consistant en la traduction, sans dictionnaire, d'un texte rédigé dans l'une des langues suivantes, au choix du candidat au moment de son inscription : allemand, anglais, espagnol, italien, russe, arabe moderne, portugais, néerlandais, grec. ***Durée : 1 heure – Coefficient : 1*** Ou **Interrogation orale** Portant sur le domaine choisi par le candidat au moment de son inscription parmi les trois suivants : – notions générales de droit public ; – notions générales de droit de la famille ; – notions générales de finances publiques. ***Préparation : 15 minutes – Durée : 15 minutes – Coefficient : 1***

Le choix de l'épreuve facultative est définitif à la clôture des inscriptions ; après cette date, plus aucun changement n'est possible. Seuls les points excédant la note de 10/20 s'ajoutent au total des notes obtenues aux épreuves obligatoires et sont valables uniquement pour l'admission.

Examen professionnel d'avancement de grade

L'examen professionnel d'avancement de grade comporte une épreuve écrite et une épreuve orale.

Épreuve écrite	**3 à 5 questions** Portant sur les missions incombant aux membres du cadre d'emplois et appelant des réponses brèves ou sous forme de tableaux, destinées à vérifier les capacités de compréhension du candidat et son aptitude à retranscrire les idées principales des documents succincts qui lui ont été remis. ***Durée : 1 heure 30 – Coefficient : 2***
Épreuve orale	**Entretien avec le jury** Destiné à permettre d'apprécier l'expérience professionnelle du candidat, sa motivation et son aptitude à exercer les missions qui lui sont confiées. Cet entretien débute par une présentation par le candidat de son expérience professionnelle sur la base d'un document retraçant son parcours professionnel et suivie d'une conversation. Ce document, établi conformément au modèle fixé par arrêté du ministre chargé des Collectivités locales, est fourni par le candidat au moment de son inscription et remis au jury préalablement à cette épreuve. ***Durée : 15 minutes – Coefficient : 3***

Comment s'organiser ?

Avant le concours

+ Le facteur temps est un des éléments déterminants : anticiper les démarches à accomplir pour l'inscription, se dégager du temps pour s'entraîner régulièrement.

Pour vous aider dans cette gestion du temps, vous pouvez vous constituer un calendrier des principales étapes.

Exemple de rétroplanning

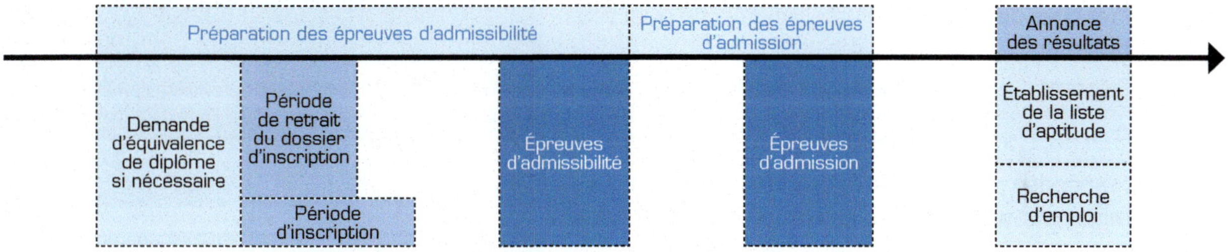

Concernant la préparation aux épreuves

Le concours et l'examen professionnel d'adjoint administratif principal de 2e classe sont difficiles et sélectifs. Une bonne préparation est donc primordiale.

Il est nécessaire de :

– connaître et analyser parfaitement les éléments du programme des épreuves (que vous trouverez dans le guide de chaque épreuve), afin d'évaluer en amont vos atouts mais aussi vos lacunes à combler ;

– travailler les savoirs fondamentaux indispensables pour aborder les épreuves dans de bonnes conditions : proportionnalité, calcul de pourcentages, moyennes… pour le tableau numérique ; règles de grammaire et d'orthographe pour l'épreuve de français.

+ Entraînez-vous en respectant la durée prévue des épreuves.

Préparez-vous dans les conditions réelles du concours à l'aide des sujets présentés dans cet ouvrage. Vous éviterez ainsi le risque de ne pas terminer un sujet.

Concernant les aspects pratiques

Lisez attentivement dès réception tous les documents relatifs à votre inscription (convocation avec le lieu du concours, règlement des concours…) et ne les perdez pas, vous en aurez besoin ultérieurement.

Renseignez-vous sur le matériel autorisé.

Repérez les lieux où vous êtes convoqué, et partez suffisamment à l'avance : lors des épreuves écrites, les candidats arrivant après la distribution des copies ne sont pas admis à concourir.

Assurez-vous de vous être muni de votre convocation et d'une pièce d'identité avec photographie.

Pendant les épreuves

Conseils pour les épreuves écrites

Écoutez les indications données par les organisateurs au début des épreuves écrites.

Ne vous déplacez pas sans autorisation, ne quittez pas votre place sans y avoir été invité. Les sorties ne sont pas toujours autorisées pendant les épreuves écrites.

Ne communiquez pas avec les autres candidats ni avec l'extérieur.

N'utilisez que le matériel autorisé. Prévoyez un stylo en bon état de marche, soit noir soit bleu : vous ne pourrez pas en emprunter et un changement de couleur en cours de copie peut être considéré comme un signe distinctif par le jury.

Les feuilles de brouillon ne sont pas corrigées. Vous apprécierez donc de vous être entraîné à réaliser l'épreuve en temps réel, pour réussir à terminer dans le temps imparti.

Prévoyez une tenue dans laquelle vous vous sentez à l'aise.

Prévoyez de quoi calmer une fringale, de quoi vous hydrater.

Prévoyez de quoi vous restaurer entre deux épreuves.

+ Faites attention aux signes distinctifs.

+ Les candidats doivent compléter chacune de leurs copies, en indiquant dans le cadre carboné situé en haut à droite leur nom, leur prénom, leur numéro de convocation et en signant. Ils doivent ensuite veiller à coller eux-mêmes soigneusement ce coin supérieur droit de leurs copies, sans utilisation supplémentaire de colle.

+ En dehors de ces renseignements, les copies doivent être totalement anonymes et ne comporter aucun nom, prénom, signature, paraphe ou nom de collectivité, même fictifs, et aucune initiale, numéro, ou autre indication étrangère au traitement du sujet.

+ Le jury veille au respect de la règle de l'anonymat et en cas de signe distinctif décide de l'attribution de la note de zéro à l'épreuve.

Conseils pour les épreuves orales

N'attendez pas les résultats des épreuves d'admissibilité pour vous préparer aux épreuves d'admission.

En prévision des épreuves orales, tenez-vous au courant de l'actualité en rapport avec les missions envisagées.

Préparez dès la veille la tenue vestimentaire que vous porterez : adoptez une tenue correcte et de circonstance dans laquelle vous vous sentez à l'aise.

+ Préparez suffisamment à l'avance la façon dont vous allez présenter votre parcours et vos motivations. Le jury s'attend à un candidat réellement impliqué, ni désinvolte ni trop hésitant. Vous devez le convaincre qu'il aurait envie de vous recruter dans sa propre collectivité.

Et après...

À l'issue des épreuves, le jury arrête, par ordre alphabétique, la liste des candidats admissibles ou admis.

Cette liste est généralement consultable sur le site internet du centre de gestion organisateur à une date indiquée sur les convocations des candidats et rappelée oralement et par voie d'affichage le jour du concours.

Les candidats sont aussi avisés individuellement, par courrier, de leurs résultats.

L'inscription sur la liste d'aptitude établie par le centre de gestion organisateur ne vaut pas nomination. Elle permet aux lauréats inscrits de postuler aux emplois vacants des collectivités territoriales.

Les épreuves du concours

Épreuves écrites d'admissibilité

Questions et exercices de français

Cadrage de l'épreuve

Intitulé officiel (décret n° 2007-109 du 29 janvier 2007 modifié)

Une épreuve de français comportant :
→ à partir d'un texte général, la réponse à des questions destinées à vérifier les capacités de compréhension du candidat et son aptitude à retranscrire et ordonner les idées principales du texte ;
→ des exercices destinés à évaluer les capacités de compréhension du candidat en vocabulaire, orthographe et grammaire.
Durée : 1 heure 30 – Coefficient : 3

Le cadrage de l'épreuve est un document élaboré dans le cadre de la cellule pédagogique nationale des centres de gestion et qui vaut pour l'ensemble des centres de gestion organisateurs des épreuves d'un concours. Il précise la nature de l'épreuve à partir de sa définition réglementaire, définit les objectifs de l'épreuve, son cadre et précise les attentes vis-à-vis des candidats. Il guide également le travail des concepteurs de sujets et apporte des éléments d'appréciation aux correcteurs et examinateurs.

Le grade appelé auparavant adjoint administratif de 1re classe s'appelle désormais adjoint administratif principal de 2e classe. Toutefois, les épreuves du concours restent les mêmes.

Cette épreuve du concours d'adjoint administratif principal de 2e classe permet non seulement d'évaluer la capacité du candidat à comprendre et à reformuler les idées d'un texte, mais aussi de tester ses connaissances en vocabulaire, orthographe et grammaire.

À partir d'un texte d'ordre général, la réponse à des questions

Un texte d'ordre général

Le texte d'ordre général n'est généralement pas un texte littéraire. Il est fréquemment en lien avec les réalités territoriales et le champ de compétences du futur adjoint administratif. La presse généraliste comme la presse territoriale constituent de bons « viviers » de textes.

La notion « d'ordre général » invite également à ne pas retenir des textes trop spécialisés qui favoriseraient les candidats exerçant un type particulier de fonctions (par exemple un texte portant sur des questions budgétaires, plus familières des candidats assumant des tâches administratives dans des services financiers que des candidats exerçant une mission d'accueil du public). Sont de même à éviter, quel que soit leur registre, des textes difficilement compréhensibles pour des candidats à un concours d'accès à un cadre d'emplois de catégorie C, à cause de leur niveau de langage ou de leur style.

Compte tenu de la durée de l'épreuve, les textes comptent généralement de 500 à 800 mots.

Ci-dessous, quelques exemples de thèmes abordés lors des sessions précédentes :

Session 2010

Concours externe et troisième concours : Travailler moins pour vivre mieux. (Le Nouvel Observateur)

Concours interne : Quinze mesures pour simplifier la vie. (Le Monde)

Session 2012

Concours externe et troisième concours : En 2015, un département français sur deux pourrait être obligé « d'exporter » ses déchets ménagers. (Le Monde)

Concours interne : Les villes accompagnent les familles au plus près. (La Gazette des communes)

Session 2014

Concours externe et troisième concours : Le maire restera l'opérateur de proximité des contrats de ville. (Maires de France)

Concours interne : Économie sociale et solidaire : une politique encore en quête de légitimation. (La Gazette des communes)

Session 2016

Concours interne, externe et troisième concours : les collectivités doivent faire encore plus de bruit sur la COP 21. (La Gazette des communes)

Des questions destinées à vérifier les capacités de compréhension du candidat

Ce libellé ouvre la possibilité de questions de formes très diverses, mais en lien direct avec le texte sur le fond. La réponse aux questions repose exclusivement sur l'analyse et la reformulation d'informations contenues dans le texte.

Quelques exemples de questions possibles :

- Le titre du texte vous semble-t-il bien choisi ? Pourquoi ?
- Que signifie tel mot, telle expression du texte ?
- Par tel mot, on entend généralement... ; dans le texte, ce mot est-il employé avec la même signification ?
- Que veut dire l'auteur lorsqu'il dit que... ?
- Dégagez les idées principales d'un texte ou d'un paragraphe.

Le détail du nombre de points attribué à chaque question éclairera le candidat dans la décision de consacrer plus de temps et plus de mots à certaines réponses qu'à d'autres.

Il peut être demandé au candidat de traiter les questions dans l'ordre du sujet, afin de faciliter la correction ; dans ce cas, le barème pourra pénaliser celui qui transgresserait cette consigne.

Des questions destinées à retranscrire et à ordonner les idées principales du texte

Ce libellé souligne l'importance de l'appréciation des capacités d'analyse du candidat et de ses aptitudes à reformuler. On peut ainsi par exemple demander au candidat :

- de reformuler en une cinquantaine de mots les idées principales de tel paragraphe ;
- d'indiquer le plan du texte ;
- de préciser où commence dans le texte la remise en cause de l'idée exposée dans tel paragraphe, etc.

Des exercices destinés à évaluer les capacités du candidat en vocabulaire, orthographe et grammaire

Le libellé réglementaire de l'épreuve distingue nettement deux axes : compréhension d'une part, exercices d'autre part. Rien n'empêche de concevoir les exercices à partir du texte, mais ils peuvent également en être totalement distincts.

Le vocabulaire

Le candidat sera évalué sur ses connaissances en vocabulaire. Il pourra lui être demandé par exemple des synonymes ou antonymes (mots de sens contraire) ou définitions à partir du texte.

L'orthographe

Les exercices visent à mesurer la maîtrise des règles fondamentales des accords et de l'orthographe lexicale. Ils peuvent prendre la forme de petits textes comportant des erreurs dont l'orthographe correcte doit être rétablie.

La grammaire

En l'absence de programme réglementaire, on peut s'arrêter aux bases de la grammaire enseignée au collège.

Les questions de grammaire viseront à favoriser le raisonnement et la mise en pratique des règles de grammaire. Les compétences qui devront être maîtrisées par les candidats sont les suivantes :

– savoir utiliser la conjugaison et la concordance des temps en se situant dans le présent, le passé et le futur ;

– savoir passer de la voix active à la voie passive et *vice-versa* ;

– savoir maîtriser les types de phrase (interrogative, impérative, déclarative) et les formes de phrase (affirmative et négative) ;

– savoir maîtriser le passage d'un discours direct à un discours indirect (changement de personnes, de temps, d'expressions spatio-temporelles) ;

– savoir identifier et utiliser les liens logiques dans une phrase ou un paragraphe (cause, conséquence, but, condition, opposition).

Quelques exemples de questions possibles :

– Dans cette proposition soulignée (parce qu'il est arrivé en retard), identifiez le lien logique.

– Transformez la phrase complexe soulignée en une phrase simple.

– Complétez la phrase avec le mot de liaison qui convient.

Un barème général

À titre indicatif, le barème suivant peut être appliqué :

– 12 points sont attribués à la première partie (questions de compréhension du texte) ;

– 8 points à la seconde partie (exercices de vocabulaire, orthographe et grammaire).

Les fautes d'orthographe et de syntaxe sont pénalisées en fonction du barème adopté par le jury de chaque session.

Sujet 2018

Sujet élaboré par le centre interdépartemental de gestion de la Petite Couronne et le centre interdépartemental de gestion de la Grande Couronne

---

CONCOURS EXTERNE, INTERNE ET DE 3ÈME VOIE D'ADJOINT ADMINISTRATIF TERRITORIAL PRINCIPAL DE 2ÈME CLASSE

SESSION 2018

EPREUVE DE FRANCAIS

ÉPREUVE D'ADMISSIBILITÉ

Épreuve écrite de français comportant :

- à partir d'un texte d'ordre général, la réponse à des questions destinées à vérifier les capacités de compréhension du candidat et son aptitude à retranscrire et ordonner les idées principales du texte ;
- des exercices destinés à évaluer les capacités du candidat en vocabulaire, orthographe et grammaire.

Durée : 1 h 30
Coefficient : 3

A LIRE ATTENTIVEMENT AVANT DE TRAITER LE SUJET :

- Vous ne devez faire apparaître aucun signe distinctif dans votre copie, ni votre nom ou un nom fictif, ni initiales, ni votre numéro de convocation, ni le nom de votre collectivité employeur, de la commune où vous résidez ou du lieu de la salle d'examen où vous composez, ni nom de collectivité fictif non indiqué dans le sujet, ni signature ou paraphe.
- Sauf consignes particulières figurant dans le sujet, vous devez impérativement utiliser une seule et même couleur non effaçable pour écrire et/ou souligner. Seule l'encre noire ou l'encre bleue est autorisée. L'utilisation de plus d'une couleur, d'une couleur non autorisée, d'un surligneur pourra être considérée comme un signe distinctif.
- Le non-respect des règles ci-dessus peut entraîner l'annulation de la copie par le jury.
- Les feuilles de brouillon ne seront en aucun cas prises en compte.

Ce sujet comporte 4 pages.

Il appartient au candidat de vérifier que le document comprend le nombre de pages indiqué.

S'il est incomplet, en avertir le surveillant

Titre volontairement omis

Localtis - 05/09/2017

C'est un peu le faire-part de naissance. Un décret paru au Journal officiel du 3 septembre vient officiellement créer la métropole de Saint-Etienne, nommée Saint-Etienne Métropole, au 1er janvier 2018. Une "grande victoire politique et une grande satisfaction", s'est réjoui Gaël Perdriau, président (LR) de la communauté urbaine, interrogé par l'agence AEF.

"Le statut de métropole affirme notre territoire sur la région, et peut conforter certains axes de nos politiques en matière de développement économique" notamment. "L'argent étant de plus en plus rare, l'État ne mettra pas les mêmes moyens dans tous les établissements sur le territoire national : il va donc les concentrer sur les établissements qui appartiennent à des métropoles", poursuit l'élu dans cet entretien.

"On partait de très loin", rappelle-t-il : "L'agglomération, en 2014, avait relativement peu de compétences intégrées, il a fallu donc les développer. Ce que nous avons fait, puisqu'en quelques mois seulement, nous avons préparé le passage en communauté urbaine, au 1er janvier 2016".

Ce changement a occasionné, à ce jour, "plus de 200" transferts d'agents, des communes à la communauté urbaine. "Ensuite, [nous avons acté] l'élargissement de l'agglomération, qui nous a permis de dépasser le nombre d'habitants requis par la loi [pour prétendre au statut de métropole], au 1er janvier 2017".

Le conseil communautaire de Saint-Etienne Métropole a approuvé en mars dernier le passage en métropole, suivi par 48 conseils municipaux sur les 53 appelés à se prononcer.

S'agissant des compétences, la communauté urbaine stéphanoise exerce déjà celles d'une métropole : développement économique, social et culturel, politique de la ville, aménagement, politique de l'habitat, services d'intérêt collectif et protection de l'environnement. "Va s'engager au cours de l'année 2018, la discussion avec le département [de la Loire] et la région, pour voir les compétences que nous allons pouvoir exercer en propre", ajoute Gaël Perdriau.

Département et métropole doivent conventionner sur neuf compétences transférables. "Nous avons commencé à discuter avec le président du département, Bernard Bonne, et nous avons convenu que toutes les compétences qui se situent dans la continuité de l'action des communes ou de l'agglomération, puissent échoir à Saint-Etienne Métropole", rapporte-t-il.

Par exemple, l'accompagnement des éducateurs de rue devrait compléter la compétence, déjà exercée, de la prévention de la délinquance. De la même manière, "sur le volet insertion, nous avons une action qui pourrait être complétée par le programme départemental d'insertion (PDI), mais cela ne veut pas dire pour autant la prise en charge des allocataires du revenu de solidarité active (RSA). En effet, certaines compétences, comme le versement de l'allocation personnalisée à l'autonomie (APA) pour les personnes âgées, ou les aides pour les personnes handicapées, ou le RSA" devraient demeurer départementales. "Il ne nous semble pas justifié d'avoir des différences de traitement au sein même du département de la Loire", estime Gaël Perdriau.

Les discussions avec la région devraient porter sur la compétence économique. "Sur le schéma de développement économique, on va avoir une prise en compte, une contractualisation directement avec la région", avance Gaël Perdriau. "Pas simplement des paragraphes qui nous sont consacrés dans une politique régionale, mais des moyens régionaux qui sont consacrés à notre territoire".

QUESTIONS

Les questions peuvent être traitées dans l'ordre qui vous convient, mais doivent être clairement identifiées par leur numéro.

I. QUESTIONS SUR LE TEXTE (12 points)

Les réponses aux questions suivantes devront être entièrement rédigées. Vous veillerez à formuler vos réponses en vous dégageant des mots du texte.

Question 1 (2 points)
D'après le texte, donnez la signification des expressions suivantes :
a) « C'est un peu le faire-part de naissance » (ligne 3)
b) « On partait de très loin » (ligne 14)

Question 2 (2 points)
a) Quelles sont les trois compétences qui devraient rester départementales ?
b) Sur quelle compétence portera la discussion avec la Région ?

Question 3 (4 points)
Citez les quatre étapes ayant mené à la création de la métropole.

Question 4 (2 points)
Quel est l'impact de cette évolution territoriale sur les agents ?

Question 5 (2 points)
Donnez un titre au texte.

II. EXERCICES (8 points)

Question 6 (1,5 point)
Donnez un seul synonyme pour chacun des mots suivants (en respectant sa nature) :
a) « officiellement » (ligne 4)
b) « élargissement » (ligne 20)
c) « échoir » (ligne 37)

Question 7 (1,5 point)
Donnez un seul antonyme pour chacun des mots suivants (en respectant sa nature) :
a) « conforter » (ligne 8)
b) « développer » (ligne 15)
c) « passage » (ligne 25)

Question 8 (1 point)
Mettez la phrase suivante à la forme interronégative :
« Les discussions avec la région devraient porter sur la compétence économique. »

Question 9 (1 point)
Recopiez le passage suivant en mettant le verbe au singulier :
"Pas simplement des paragraphes qui nous sont consacrés dans une politique régionale". (ligne 51)

Question 10 (3 points)
Dans le texte ci-dessous, certains mots sont mal orthographiés. Réécrivez, sans erreur, ces mots sur votre copie dans l'ordre du texte :

« En adoptant le statut de métropole, le maire de Saint-Etienne souhaite surtout avoir les coudées plus franches pour pesé sur le développement de son territoire. "En créant les grandes régions, le gouvernement a marqué son intension de s'appuyer de plus en plus sur ces grandes régions et au sein de ces grands ensembles, les métropoles auront un poid important. Ce statut donnera à Saint-Etienne une visibilité et des oportunités que ne lui permet pas celui de Communauté Urbaine. En effet, j'entrevoie le risque, et le CPER récemment signé me confortent dans cette idée, de voir de plus en plus de différences s'opérer entre les métropoles et les autres agglomérations", assure le président de Saint-Etienne Métropole qui a déjà engagé des discussions avec le président du Conseil Départemental pour réfléchir au transfert vers la métropole de compétences d'ordre économique et social. »

Indications de correction

QUESTIONS

Les questions peuvent être traitées dans l'ordre qui vous convient, mais doivent être clairement identifiées par leur numéro.

I. QUESTIONS SUR LE TEXTE (12 points)

Les réponses aux questions suivantes devront être entièrement rédigées. Vous veillerez à formuler vos réponses en vous dégageant des mots du texte.

Question 1 (2 points)
D'après le texte, donnez la signification des expressions suivantes :
a) « C'est un peu le faire-part de naissance » (ligne 3) (1 pt)
Dans le texte, il s'agit de la naissance de la métropole de Saint-Etienne par la parution du décret au JO du 3 septembre 2017.

b) « On partait de très loin » (ligne 14) (1 pt)
Dans le texte, cette expression signifie qu'au départ, l'agglomération avait en nombre insuffisant les compétences intégrées exigées pour être considérée comme communauté urbaine.

Question 2 (2 points)
a) Quelles sont les trois compétences qui devraient rester départementales ?

- Le versement de l'APA pour les personnes âgées, **(0,5 pt)**
- Les aides pour les personnes handicapées, **(0,5 pt)**
- Le RSA. **(0,5 pt)**

b) Sur quelle compétence portera la discussion avec la Région ?
La compétence économique **(0,5 pt)**

Question 3 (4 points)
Citez les quatre étapes ayant mené à la création de la métropole.

- 1er janvier 2016, passage de l'agglomération au statut de communauté urbaine. **(1 pt)**
- 1er janvier 2017, nombre d'habitants requis par la loi atteint pour pouvoir prétendre au statut de métropole. **(1 pt)**
- Mars 2017, vote du conseil communautaire approuvant le passage en métropole. **(1 pt)**
- 3 septembre 2017, parution du décret au journal officiel, créant officiellement la métropole de Saint-Etienne, nommée Saint-Etienne Métropole au 1er janvier 2018. **(1 pt)**

Question 4 (2 points)
Quel est l'impact de cette évolution territoriale sur les agents ?
Le transfert de plus de 200 agents.

Question 5 (2 points)
Donnez un titre au texte.
Le titre d'origine est : *« La métropole de Saint-Etienne est officielle, des transferts de compétences en vue ».*
4 notions ressortent du texte : territoire, compétences, public et durée.
Le candidat devra faire apparaître au moins <u>deux</u> de ces notions pour obtenir les 2 points (1 pt par notion).

II. EXERCICES (8 points)

Question 6 (1,5 point)
Donnez un seul synonyme pour chacun des mots suivants (en respectant sa nature) :
a) **« officiellement » (ligne 4)** : solennellement, publiquement, formellement
b) **« élargissement » (ligne 20)** : agrandissement, extension, accroissement, augmentation
c) **« échoir » (ligne 37)** : advenir, arriver, incomber, revenir

Pour chaque synonyme demandé, le candidat aura :
- *0 s'il en propose plusieurs*
- *0 si la nature n'est pas respectée*

Question 7 (1,5 point)
Donnez un seul antonyme pour chacun des mots suivants (en respectant sa nature) :
a) **« conforter » (ligne 8)** : affaiblir, décourager, ébranler, déconforter
b) **« développer » (ligne 15)** : restreindre, abaisser, abréger, diminuer, réduire
c) **« passage » (ligne 25)** : arrêt, barrière, obstacle, halte, cul-de-sac, digue

Pour chaque antonyme demandé, le candidat aura :
- *0 s'il en propose plusieurs*
- *0 si la nature n'est pas respectée*

Question 8 (1 point)
Mettez la phrase suivante à la forme interronégative :
« Les discussions avec la région devraient porter sur la compétence économique. »
« Les discussions avec la région ne devraient-elles pas porter sur la compétence économique ? ».

Ne pas attribuer de point s'il manque le point d'interrogation.
Ne pas attribuer de point s'il manque la forme négative.

Question 9 (1 point)
Recopiez le passage suivant en mettant le verbe au singulier :
"Pas simplement des paragraphes qui nous sont consacrés dans une politique régionale". (ligne 51)
« Pas simplement un paragraphe qui nous est consacré dans une politique régionale ».

0,25 pt x 4
Pénalité de 0,25 pt si le candidat met au singulier « nous »

Question 10 (3 points)
Dans le texte ci-dessous, certains mots sont mal orthographiés. Réécrivez, sans erreur, ces mots sur votre copie dans l'ordre du texte :

Peser
Intention
Poids
Opportunités
Entrevois
Conforte

Pénalité de 0,25 pt si le candidat recopie le texte.
On accordera 0,5 pt par correction exacte. On retirera 0,25 pt à chaque faute introduite par le candidat, sans que la note finale ne soit jamais négative.

Bonne copie

CENTRE INTERDEPARTEMENTAL DE GESTION DE LA PETITE COURONNE

CONCOURS ou EXAMEN PROFESSIONNEL

DE : Adjoint administratif territorial principal de 2ème classe

spécialité (le cas échéant) : ……

☒ Concours interne (1)
☐ Concours externe (1)
☐ 3ème concours (1)

Epreuve de : Français

Date : 15/03/2018

(1) cocher la case correspondante

A remplir (en caractères d'imprimerie et à cacheter par le candidat)

[redacted]

N° de convocation :

NOM :

PRENOM :

Date de naissance :

Signature :

Question 6
a) Publiquement
b) Agrandissement
c) Revenir

Question 7
a) Fragiliser
b) Réduire
c) Blocage

Question 8
« Les discussions avec la région ne devraient-elles pas porter sur la compétence économique ? »

Question 9
« Pas simplement un paragraphe qui nous est consacré dans une politique générale. »

Question 10
- Peser
- Intention
- Poids
- Opportunité
- Conforte
- Social

Questions sur le texte

Question 1
a) À l'image d'un faire-part de naissance qui permet à des parents d'annoncer à leur entourage la naissance de leur enfant, la parution du décret de création de la métropole au Journal officiel permet de diffuser publiquement l'information.
b) En utilisant cette expression, le président de la communauté urbaine, Mr Perdriau, veut signifier que l'agglomération de Saint-Étienne disposait d'un faible niveau de compétences au début du processus de métropolisation. Il leur a donc fallu mettre en œuvre beaucoup d'étapes et de travail avant d'accéder au statut de métropole.

Question 2
a) Le département et la métropole doivent s'accorder sur la répartition des compétences. Dans ce cadre, le département devrait en conserver trois relevant de l'action sociale : le versement de l'allocation personnalisée à l'autonomie, les aides pour les personnes handicapées et la gestion du dispositif du revenu de solidarité active.

b) Avec la région, la métropole devra trouver un terrain d'entente sur le contenu de la compétence économique, afin que le territoire métropolitain bénéficie pleinement des ressources régionales en la matière.

Question 3
Tout d'abord, l'agglomération devait atteindre le statut de communauté urbaine, en comptant davantage de compétences. Elle a mis en œuvre les moyens nécessaires pour en disposer davantage au 1er janvier 2016.
Puis, elle devait compter un nombre d'habitants suffisant pour répondre aux conditions fixées par la loi. En agrandissant l'agglomération, l'objectif est réalisé au 1er janvier 2017.
Ensuite, l'assemblée délibérante de la nouvelle métropole, le conseil communautaire, devait entériner le passage au nouveau statut par un vote qui a eu lieu en mars 2017.
Enfin, le décret paru au Journal officiel le 3 septembre 2017 est venu consacrer juridiquement la création de la métropole.

Question 4
La création de cette nouvelle collectivité territoriale a engendré un changement de statut pour un certain nombre d'agents (plus de 200). En effet, auparavant affiliés à leurs communes, leurs postes dépendent désormais de la métropole.

Question 5
« Saint-Étienne Métropole : un nouvel acteur majeur pour le développement territorial de la région. »

NOTE ET APPRÉCIATIONS DES CORRECTEURS

Cette copie a obtenu la note de 18,63 sur 20

Premier correcteur : note de 19/20

Question 4 : manque de précision.

Deuxième correcteur : note de 18,25/20

Question 5 : le titre pourrait faire apparaître et mettre en évidence le terme de compétence, terme majeur dans le développement.

Épreuves écrites d'admissibilité

Tableau numérique

Cadrage de l'épreuve

Intitulé officiel (décret n° 2007-109 du 29 janvier 2007 modifié)

L'établissement d'un tableau numérique d'après les éléments fournis aux candidats.

Durée : 1 heure – Coefficient : 3

Le cadrage de l'épreuve est un document élaboré dans le cadre de la cellule pédagogique nationale des centres de gestion et qui vaut pour l'ensemble des centres de gestion organisateurs des épreuves d'un concours. Il précise la nature de l'épreuve à partir de sa définition réglementaire, définit les objectifs de l'épreuve, son cadre et précise les attentes vis-à-vis des candidats. Il guide également le travail des concepteurs de sujets et apporte des éléments d'appréciation aux correcteurs et examinateurs.

Le grade appelé auparavant adjoint administratif de 1re classe s'appelle désormais adjoint administratif principal de 2e classe. Toutefois, les épreuves du concours restent les mêmes.

Objectifs de l'épreuve

L'épreuve impose :

- l'analyse et la compréhension de la commande ;
- la maîtrise des méthodes de calcul permettant d'arriver aux résultats attendus ou la restitution à l'intérieur d'un tableau de données chiffrées.

Si certaines données chiffrées sont en effet directement fournies, d'autres reposent au moins autant sur la maîtrise de la langue française que sur des aptitudes mathématiques.

Cette épreuve de mathématiques est pour une grande part une épreuve de lecture et de compréhension de consignes. Le sujet pourra comporter des expressions telles que « représente le double de et la moitié de », « excède de la différence entre », « ne dépasse que du tiers ».

La commande

La commande pourra être formulée de la façon suivante : « Il vous est demandé d'établir un tableau numérique présentant… ». Elle sera très clairement rédigée afin que le résultat attendu (titre, colonnes, lignes, données) ne comporte aucune ambiguïté.

Le temps imparti (1 heure) interdit évidemment la conception d'un sujet imposant une construction et des calculs complexes. L'épreuve exige en effet du candidat qu'il réalise lui-même un tableau lui permettant de présenter des données. Il lui appartient de créer un cadre, de disposer des lignes et des colonnes de manière claire et ordonnée.

Les données chiffrées fournies au candidat ou que le candidat doit calculer, souvent présentées sous forme « littéraire », peuvent également être présentées sous forme de diagrammes (histogramme, camembert…). S'il est demandé au candidat d'arrondir des nombres, il ne pourra s'agir que de résultats définitifs.

L'établissement du tableau

Le contenu du tableau numérique

Le candidat doit, à partir des informations fournies par le sujet, proposer un titre général au tableau, synthétique et le plus significatif possible des données du tableau. De même, il doit titrer clairement et précisément les lignes et les colonnes.

Les données que le candidat doit porter dans le tableau sont toujours numériques : certaines peuvent être trouvées directement dans le sujet sans calcul, d'autres nécessitent des calculs. Le traitement du sujet requiert donc des connaissances mathématiques dont le niveau n'est cependant pas précisé par un programme réglementaire. À noter que le candidat n'a pas à justifier ses calculs, mais seulement à porter les résultats attendus dans le tableau.

On peut, à titre indicatif, se référer à des éléments du programme de mathématiques du concours sous son ancienne forme (sans que celui-ci puisse en aucune façon constituer un programme réglementaire dont le candidat pourrait se prévaloir), soit :

- nombres entiers, nombres décimaux, les quatre opérations : addition, soustraction, multiplication, division ;
- moyenne arithmétique ;
- calculs décimaux approchés, arrondis ;
- fractions, valeur décimale d'une fraction ; opérations sur les fractions ;
- rapports et proportions, applications de la proportionnalité ;
- partages égaux, inégaux, proportionnels ;
- mesures de longueurs, d'aires, de volumes, de capacités, de masses, mesures agraires, mesures du temps, conversions ;
- pourcentages, taux ;
- lecture d'un graphique linéaire, en camembert, à bandes et en bâtons ;
- prix d'achat, de revient, de vente, HT, TTC.

La présentation du tableau numérique

Tous les résultats attendus doivent figurer dans un tableau unique. Seul ce dernier sera corrigé. Ainsi les calculs développés sur la copie au lieu d'être présentés dans le tableau ne seront pas corrigés.

Il est possible que le sujet permette plusieurs présentations des données (ordre des colonnes, présentation horizontale ou verticale par exemple). La présentation des résultats par le candidat devra être pertinente et logique. Ainsi des colonnes et/ou lignes qui ne s'imposeraient pas nécessairement de même qu'un ordre illogique de colonnes seront pénalisés.

Un barème général de correction

Des pénalités liées à la présentation

Le nombre de points attribué pour la conception du tableau représente généralement entre le quart et le tiers de la note. Le soin apporté à la présentation du tableau sera pris en compte : présentation centrée du tableau, regroupement éventuel de colonnes, indication des unités. L'espacement entre les classes de nombres doit être respecté (15 600 et non 15600, par exemple). Seuls les symboles usuels seront acceptés (pour les unités de mesure km pour kilomètre par exemple, / pour par rapport, %, €...).

Afin de faciliter le travail des candidats, des copies quadrillées leur sont généralement fournies.

Le barème de correction attribue un nombre précis de points à chaque « zone » obligatoire du tableau (titre général, titre de colonne, titre de ligne), indépendamment des données numériques qu'il contient.

Le traçage de lignes horizontales entre des données chiffrées dans le tableau est pénalisé lorsqu'il ne matérialise pas une addition.

Des pénalités liées aux calculs

S'agissant des calculs «en cascade», si le candidat commet une erreur de calcul au départ, celle-ci ne sera sanctionnée qu'une fois.

S'il est demandé au candidat d'arrondir des nombres, il lui sera précisément indiqué quels sont les résultats de calcul concernés (résultats intermédiaires ou résultats définitifs) et, s'il ne respecte pas les consignes concernant les arrondis demandés (nombre mal arrondi ou non arrondi), il sera pénalisé.

Sujet 2018

Sujet élaboré par le centre interdépartemental de gestion de la Petite Couronne
et le centre interdépartemental de gestion de la Grande Couronne

CONCOURS EXTERNE, INTERNE ET DE 3ÈME VOIE D'ADJOINT ADMINISTRATIF TERRITORIAL PRINCIPAL DE 2ÈME CLASSE

SESSION 2018

ÉPREUVE DE TABLEAU NUMÉRIQUE

ÉPREUVE D'ADMISSIBILITÉ :

Établissement d'un tableau numérique

Durée : 1h00
Coefficient : 3

IMPORTANT :

Vous devez présenter vos résultats exclusivement sous forme d'un seul tableau numérique sur la feuille de papier quadrillé.

À LIRE ATTENTIVEMENT AVANT DE TRAITER LE SUJET :

- Vous ne devez faire apparaître aucun signe distinctif dans votre copie, ni votre nom ou un nom fictif, ni initiales, ni votre numéro de convocation, ni le nom de votre collectivité employeur, de la commune où vous résidez ou du lieu de la salle d'examen où vous composez, ni nom de collectivité fictif non indiqué dans le sujet, ni signature ou paraphe.
- Sauf consignes particulières figurant dans le sujet, vous devez impérativement utiliser une seule et même couleur non effaçable pour écrire et/ou souligner. Seule l'encre noire ou l'encre bleue est autorisée. L'utilisation de plus d'une couleur, d'une couleur non autorisée, d'un surligneur pourra être considérée comme un signe distinctif.
- L'utilisation de la calculatrice autonome et sans imprimante est autorisée.
- Le non-respect des règles ci-dessus peut entraîner l'annulation de la copie par le jury.
- Les feuilles de brouillon ne seront en aucun cas prises en compte.
- Si le tableau est réalisé au crayon de papier, il ne sera pas corrigé.

Ce sujet comprend 2 pages.

Il appartient au candidat de vérifier que le document comprend le nombre de pages indiqué.

S'il est incomplet, en avertir le surveillant.

La région X a obtenu de bons résultats en matière d'apprentissage. En effet, en 2016, après une année de stagnation et deux années de baisse, le nombre d'apprentis en formation dans la région augmente de 5 % par rapport à 2015. Cette reprise est plus soutenue qu'au niveau national.

Regardons attentivement les effectifs des apprentis de la région X par niveau de formation : formations de niveau V (constituées essentiellement du CAP), formations de niveau IV (niveau secondaire), formations de niveau III (bac +2), formations de niveau II et I encore appelées formations de niveau supérieur.

En 2015, les formations de niveau V ont attiré 10 720 jeunes soit 40 % de la totalité des apprentis de la région. Les formations de niveau bac +2 représentent 18,47 % de la totalité des apprentis, et les formations supérieures (niveau II et I), 9,25 %.

En 2016, le niveau V, qui se voyait délaissé d'année en année, compte 500 jeunes supplémentaires par rapport à 2015. Le niveau bac +2 attire les 7/15 des effectifs du niveau V. Les formations supérieures comptent 6 520 apprentis de moins que celles du secondaire.

En 2016, la région dépense en moyenne 3 205 euros par apprenti de niveau supérieur contre 3 199 euros pour un apprenti de niveau bac +2. La région réserve 38,46 millions d'euros pour l'ensemble des apprentis de niveau V et 31,08 millions d'euros pour ceux du secondaire.

Il vous est demandé de construire un tableau numérique indiquant, pour les 4 niveaux évoqués plus haut (niveau V, niveau secondaire, niveau bac +2 et niveau supérieur) et pour l'ensemble des niveaux :

- Le nombre d'apprentis en 2015 et 2016 ainsi que leur répartition en pourcentage de l'ensemble pour l'année 2016 ;
- L'évolution du nombre d'apprentis en nombre et en pourcentage de 2016 par rapport à 2015 ;
- La dépense moyenne par apprenti en euros, à l'euro près, et la dépense totale en millions d'euros, au centième près, pour l'année 2016.

Les pourcentages seront arrondis au centième près.

Indications de correction

CONCOURS D'ADJOINT ADMINISTRATIF PRINCIPAL DE 2e CLASSE – SESSION 2018

ÉPREUVE DE TABLEAU NUMÉRIQUE – INDICATIONS DE CORRECTION

APPRENTISSAGE DANS LA REGION X

EFFECTIFS 2015, 2016 ET DÉPENSES 2016

	Effectifs des apprentis					Dépense	
	2015	2016		Evolution 2015-2016		Moyenne €/apprenti	Totale millions d'€
		Nombre	%/ ensemble	Nombre	%		
Niveau V	10 720 0,25	11 220 0,25	39,87 0,25	500 0,25	4,66 0,50	3 428 0,5	38,46 0,25
Niveau secondaire	8 651 0,50	9 102 0,75	32,35 0,25	451,00 0,25	5,21 0,50	3 415 0,5	31,08 0,25
Niveau bac+2	4 950 0,50	5 236 0,50	18,61 0,25	286,00 0,25	5,78 0,50	3 199 0,25	16,75 0,5
Niveau supérieur	2 479 0,50	2 582 0,75	9,18 0,25	103,00 0,25	4,15 0,50	3 205 0,25	8,28 0,5
Ensemble	26 800 0,50	28 140 0,50	100 0,25	1 340,00 0,25	5,00 0,25	3 361 0,75	94,57 0,5
Total points colonne	2,25	2,75	1,25	1,25	2,25	2,25	2,00

BAREME :

Les calculs seront comptés sur 14 points. Une erreur sur un résultat n'entraîne pas de perte de points sur tous les autres résultats liés.

Les erreurs d'arrondis enlèvent 0,25 point par erreur dans un maximum de -1 point pour l'ensemble. On acceptera en revanche 5 à la place de 5,00.

Si les effectifs ne sont pas tous donnés à l'unité, le candidat perdra 1 point supplémentaire.

La présentation est sur 6 points :

Points positifs	**sur**	
Titre général	1,5	
Présentation colonne 1 (marge)	0,5	Existence de toutes les lignes et précision des titres. 0,25 s'il manque une ligne, 0 s'il manque 2 lignes ou plus. 0 s'il y a des lignes en trop.
Existence de chaque colonne et précision de son titre	3,5	Soit 0,5 par colonne. 0,25 par colonne si la colonne existe mais si son titre est imprécis (manque ou erreur d'unité par exemple)
Bonne utilisation du trait horizontal marquant le total	0,5	0,5 pour bonne utilisation ; 0,25 si 1 erreur ; 0 sinon
Points négatifs		
Colonne en trop		-0,5 par colonne indiquée mais non demandée
Soin		Jusqu'à -1

Épreuve orale d'admission

Entretien avec le jury

Cadrage de l'épreuve

Intitulé officiel (décret n° 2007-109 du 29 janvier 2007 modifié)

Un entretien visant à évaluer l'aptitude du candidat et sa motivation à exercer les missions dévolues aux membres du cadre d'emplois ainsi que ses connaissances de l'environnement professionnel dans lequel il sera amené à exercer ses fonctions ; pour le concours interne et le troisième concours, cet entretien tend également à apprécier l'expérience du candidat.

Durée : 15 minutes – Coefficient : 3

Le cadrage de l'épreuve est un document élaboré dans le cadre de la cellule pédagogique nationale des centres de gestion et qui vaut pour l'ensemble des centres de gestion organisateurs des épreuves d'un concours. Il précise la nature de l'épreuve à partir de sa définition réglementaire, définit les objectifs de l'épreuve, son cadre et précise les attentes vis-à-vis des candidats. Il guide également le travail des concepteurs de sujets et apporte des éléments d'appréciation aux correcteurs et examinateurs.

Un entretien avec un jury

Un entretien

Le libellé de cette épreuve ne doit pas égarer le candidat : l'épreuve ne consiste pas en une conversation « à bâtons rompus » avec un jury, mais repose sur des questions du jury destinées à apprécier l'aptitude du candidat à exercer les missions dévolues au cadre d'emplois ainsi que, pour le concours interne et le troisième concours, l'expérience du candidat.

Le libellé réglementaire de l'épreuve ne prévoyant ni sujet tiré au sort ni temps de préparation, les questions posées par le jury appellent des réponses « en temps réel », sans préparation.

Le candidat n'est autorisé à utiliser aucun document (ni CV, ni document présentant son expérience professionnelle) pendant l'épreuve.

Si le jury le souhaite, l'entretien peut être précédé d'une brève présentation de ses membres et d'une rapide information sur les modalités du déroulement de l'épreuve.

Tout candidat dispose de la totalité du temps réglementaire de l'épreuve (15 minutes) qui ne peut éventuellement être interrompue qu'à sa demande expresse.

Un jury

Le « jury plénier » comprend réglementairement trois collèges égaux (élus locaux, fonctionnaires territoriaux, personnalités qualifiées). Il peut se scinder en groupes d'examinateurs. Un groupe d'examinateurs peut par exemple être composé d'un adjoint au maire en charge du personnel, d'un rédacteur territorial, d'un responsable des ressources humaines.

Le candidat doit bien mesurer la retenue que lui impose sa qualité de candidat face à un jury souverain : la familiarité, l'agressivité sont évidemment proscrites. Le jury, pour sa part, accueillera la plupart du temps les réponses du candidat avec une empathie qui ne préjuge en rien de la note qu'il attribuera.

Un découpage du temps

Le jury peut adopter la grille d'entretien suivante :

I – Aptitude à exercer les missions ; mise en valeur de l'expérience professionnelle (concours interne et troisième concours) : environ 10 minutes.

II – Connaissance de l'environnement professionnel : environ 5 minutes.

III – Motivation : tout au long de l'entretien.

Aptitude à exercer les missions et mise en valeur de l'expérience professionnelle

Une épreuve à visée professionnelle

En précisant que le jury vérifie « l'aptitude du candidat à exercer les missions dévolues aux membres du cadre d'emplois » des adjoints administratifs territoriaux, l'intitulé réglementaire souligne une volonté d'évaluer des aptitudes professionnelles plutôt que des connaissances théoriques à visée générale. Il est attendu du candidat qu'il apporte la preuve d'une perception pertinente des problématiques territoriales et de savoir-faire professionnels permettant d'y répondre.

Le jury pourra recourir le cas échéant à des mises en situation professionnelle.

Le champ des questions

Des questions en lien avec les missions dévolues aux adjoints administratifs territoriaux

Ces missions sont définies par le décret n° 2006-1690 du 22 décembre 2006 modifié portant statut particulier du cadre d'emplois des adjoints administratifs territoriaux (extrait) :

« I. – Les adjoints administratifs territoriaux sont chargés de tâches administratives d'exécution, qui supposent la connaissance et comportent l'application de règles administratives et comptables.

« Ils peuvent être chargés d'effectuer divers travaux de bureautique et être affectés à l'utilisation des matériels de télécommunication. Ils peuvent être chargés d'effectuer des enquêtes administratives et d'établir des rapports nécessaires à l'instruction de dossiers. Ils peuvent être chargés de placer les usagers d'emplacements publics, de calculer et de percevoir le montant des redevances exigibles de ces usagers.

« II. – Lorsqu'ils relèvent des grades d'avancement, les adjoints administratifs territoriaux assurent plus particulièrement les fonctions d'accueil et les travaux de guichet, la correspondance administrative et les travaux de comptabilité. Ils peuvent participer à la mise en œuvre de l'action de la collectivité dans les domaines économique, social, culturel et sportif. Ils peuvent être chargés de la constitution, de la mise à jour et de l'exploitation de la documentation ainsi que de travaux d'ordre. Ils peuvent centraliser les redevances exigibles des usagers et en assurer eux-mêmes la perception. Ils peuvent être chargés d'assurer la bonne utilisation des matériels de télécommunication.

« Ils peuvent être chargés du secrétariat de mairie dans une commune de moins de 2 000 habitants.

« Ils peuvent se voir confier la coordination de l'activité d'adjoints administratifs territoriaux du premier grade. »

Le champ des questions

En lien avec les missions du cadre d'emplois des adjoints administratifs territoriaux, les questions pourront notamment porter sur :

– l'accueil physique et/ou téléphonique : aptitude à s'organiser, prioriser, gérer son temps, gérer les conflits, communiquer, s'adapter aux attentes de publics diversifiés, prendre des initiatives, comprendre les attentes de la hiérarchie ;

– la gestion de documents : capacité à traiter les documents (enregistrement, priorisation, classement, archivage…), à les mettre en forme de manière pertinente ;

– l'organisation de réunions, gestion de l'emploi du temps et coordination d'équipe (notamment composée d'adjoints administratifs de 2e classe), travail en équipe, etc.

L'expérience professionnelle (concours interne et troisième concours)

Les questions portant sur l'expérience professionnelle sont réglementairement réservées aux candidats au concours interne, dans la mesure où ils justifient pour concourir d'une expérience dans la fonction publique, ainsi qu'aux candidats au troisième concours, qui se présentent au titre d'une expérience professionnelle dans le secteur privé, d'une responsabilité élective locale ou associative.

Les candidats concernés veilleront à mettre en valeur de façon pertinente leur expérience professionnelle, en fonction des questions posées par le jury.

Connaissance de l'environnement professionnel

Exercer des missions d'adjoint administratif territorial principal de 2e classe suppose la connaissance de l'environnement professionnel et territorial. Les questions pourront notamment porter sur :

– la décentralisation ;

– l'intercommunalité ;

– le CCAS ;

– les modes de désignation et la durée des mandats des organes délibérants et exécutifs des collectivités territoriales ;

– les fonctions publiques ;

– les droits et obligations des fonctionnaires ;

– la préparation et le vote d'un budget local ;

– les recettes et les dépenses des collectivités territoriales ;

– les principales missions d'un service état civil ;

– des notions sur les activités des collectivités territoriales dans les domaines économique, social, culturel et sportif…

Motivation, savoir-être et potentiel appréciés tout au long de l'épreuve

Tout au long de l'entretien, le jury cherche à évaluer si le candidat est réellement motivé et prêt à exercer les missions confiées à un adjoint administratif principal de 2e classe, s'il a un intérêt pour le monde qui l'entoure, notamment pour l'évolution de l'administration territoriale, par exemple à travers des qualités de comportement telles que le dynamisme, la curiosité intellectuelle et l'ouverture d'esprit.

On mesure ici que cette épreuve orale peut, d'une certaine manière, même si la finalité de l'épreuve n'est pas de recruter un adjoint administratif principal de 2e classe dans un poste déterminé mais de s'assurer que le candidat est apte à en assumer les missions, s'apparenter à un entretien d'embauche, les membres du jury se plaçant souvent dans une position d'employeur : s'il s'agissait d'un entretien de recrutement en vue de pourvoir un poste confié à un adjoint administratif principal de 2e classe, ce que dit ce candidat, sa manière de se comporter conduiraient-ils à l'engager ?

Au-delà de ses connaissances, fait-il la preuve des aptitudes et des qualités humaines et intellectuelles indispensables pour exercer les fonctions d'adjoint administratif principal de 2e classe et répondre au mieux aux attentes des décideurs et des usagers du service public ?

L'épreuve permet ainsi au candidat de faire la preuve de sa capacité à :

Être cohérent

– en veillant à ne pas dire une chose puis son contraire ;

– en sachant défendre ses idées et ne pas donner systématiquement raison à un contradicteur ;

– en sachant convenir d'une absurdité.

Gérer son stress

– en apportant des réponses sans précipitation excessive, sans hésitations préoccupantes ;

– en sachant garder, même s'il se trouve en difficulté sur une question, une confiance en lui suffisante pour la suite de l'entretien.

Communiquer

– en ayant réellement le souci d'être compris, grâce à une expression claire ;

– en s'exprimant à haute et intelligible voix ;

– en adoptant une élocution ni trop rapide, ni trop lente ;

– en s'adressant à l'ensemble du jury sans privilégier abusivement un seul interlocuteur.

Apprécier justement sa hiérarchie

– en adoptant un comportement adapté à sa « condition » de candidat face à un jury ;

– en sachant ne pas être péremptoire, excessivement sûr de soi ni contester les questions posées ;

– en sachant argumenter en cas de désaccord avec le jury.

Mettre en œuvre curiosité intellectuelle et esprit critique

– en manifestant un réel intérêt pour l'actualité ;

– en sachant opposer des arguments fondés à ceux du jury ;

– en sachant profiter d'une question pour valoriser des connaissances pertinentes.

Épreuve pratique d'admission

Épreuve de bureautique

Cadrage de l'épreuve

Intitulé officiel (décret n° 2007-109 du 29 janvier 2007 modifié)

Une épreuve pratique de bureautique destinée à vérifier l'aptitude du candidat en matière de traitement de texte, d'utilisation d'un tableur et des technologies de l'information et de la communication.

Durée : 15 minutes – Coefficient : 1

Le cadrage de l'épreuve est un document élaboré dans le cadre de la cellule pédagogique nationale des centres de gestion et qui vaut pour l'ensemble des centres de gestion organisateurs des épreuves d'un concours. Il précise la nature de l'épreuve à partir de sa définition réglementaire, définit les objectifs de l'épreuve, son cadre et précise les attentes vis-à-vis des candidats. Il guide également le travail des concepteurs de sujets et apporte des éléments d'appréciation aux correcteurs et examinateurs.

Une épreuve pratique de bureautique destinée à vérifier l'aptitude du candidat

Une épreuve pratique

L'épreuve pratique de bureautique est une épreuve permettant au candidat de démontrer ses capacités de maîtrise des logiciels bureautiques traditionnels et des technologies de l'information et de la communication. Ainsi, le candidat est mis en situation face à un poste informatique. Il ne s'agit pas d'une interrogation théorique portant sur le domaine informatique.

La vérification de l'aptitude du candidat

L'aptitude du candidat en matière de bureautique est vérifiée par des correcteurs qui vont évaluer, pendant les 15 minutes réglementaires de l'épreuve, la manière dont les candidats s'acquittent des tâches demandées. Le candidat n'est ainsi ni interrogé sur des connaissances théoriques ni noté sur une production écrite, mais évalué :

– sur sa manière de procéder pendant 15 minutes ;
– sur les résultats auxquels l'écran de l'ordinateur montre qu'il parvient.

En cas de difficultés dans l'accomplissement des tâches :

– si le candidat ignore la méthode à mettre en œuvre pour une manipulation indispensable à la poursuite de son travail, les correcteurs peuvent intervenir par leurs conseils pour le guider ; si ces conseils s'avèrent inopérants, ils peuvent réaliser eux-mêmes la manipulation afin d'être en mesure d'évaluer le candidat sur la suite de son travail ; il en est évidemment tenu compte dans la notation ;
– si un candidat ignore la méthode à mettre en œuvre pour une manipulation non indispensable à la poursuite de son travail, les correcteurs lui demandent de poursuivre le traitement du sujet et de revenir éventuellement à cette manipulation en fin d'épreuve, si le temps restant le permet.

Les aptitudes en matière de traitement de texte, d'utilisation d'un tableur et des nouvelles technologies de l'information et de la communication

Un intitulé d'épreuve précis…

Cette épreuve est destinée à vérifier l'aptitude du candidat notamment en matière d'utilisation :
- d'un logiciel de traitement de texte ;
- d'un tableur ;
- des nouvelles technologies de l'information et de la communication.

… mais pas de programme réglementaire

Cette épreuve ne comporte pas de programme officiel, mais la nature des sujets proposés, conformes à l'intitulé réglementaire de l'épreuve, permet l'élaboration du référentiel indicatif suivant :

- traitement de texte : mise en forme (page, paragraphe, caractère, bordures et trames, définition de tabulation), actions de copie de base, tableau, fonctionnalités supérieures (style, notes, puces et numéros, publipostages…) ;
- tableur : formules (bases), mise en forme, actions de copie de base, fonctionnalités supérieures (par exemple tri ou graphique) ;
- nouvelles technologies de l'information et de la communication : entrée d'une adresse internet, choix d'un moteur de recherche, navigation sur un site, ajout d'un site en favori, utilisation d'une messagerie électronique (envoi d'un message, insertion de pièces jointes, envoi d'un lien internet…).

De plus, la maîtrise générale de l'outil informatique est également évaluée : connaissance de base de l'environnement (système d'exploitation), connaissance des principaux raccourcis et du vocabulaire informatique utilisés de façon courante dans l'administration territoriale, dextérité dans l'exécution des tâches, etc.

Il ne s'agit en aucun cas de vérifier les connaissances des candidats sur des logiciels particuliers dits « logiciels métiers » (ressources humaines, finances publiques, etc.).

Une répartition des points entre trois exercices distincts

Trois exercices distincts

Le candidat ouvre directement sur un micro-ordinateur (PC) le dossier correspondant au numéro du sujet tiré au sort, comprenant trois exercices :
- 1 exercice de traitement de texte (Word) ;
- 1 exercice de tableur (Excel) ;
- 1 exercice portant sur les nouvelles technologies de l'information et de la communication (internet).

Le sujet propose aux candidats une série d'actions à accomplir, dont il est souhaitable et cohérent de suivre l'ordre. Il peut s'agir de modifier un document existant ou d'en créer un nouveau. Les trois exercices peuvent être indépendants les uns des autres mais il peut parfois s'agir de travailler de façon conjointe sur Word et sur Excel, en utilisant les mêmes documents ressources fournis par le sujet.

Des précisions sur les caractéristiques (éditeur, version, environnement) des logiciels utilisés dans cette épreuve peuvent être apportées aux candidats dans la lettre de convocation aux épreuves d'admission.

La répartition du temps et des points

Le jury adopte une grille d'évaluation, qui peut prendre la forme suivante :

– réponse à la commande : traitement de texte, tableur, nouvelles technologies de l'information et de la communication ;

– tout au long de l'épreuve, maîtrise de l'environnement et de l'outil informatique : recherche des documents demandés, gestion de plusieurs fenêtres, utilisation du clavier, du clic droit, etc.

Sujet 2018

CONCOURS INTERNE, EXTERNE ET DE 3ème VOIE
D'ADJOINT ADMINISTRATIF PRINCIPAL DE 2ème CLASSE

SESSION 2018

EPREUVE DE BUREAUTIQUE

Durée : 15 min
Coefficient : 1

SUJET

TRAITEMENT DE TEXTE

1. Corriger les fautes d'orthographe.
2. Modifier la taille de la page en A5
3. Appliquer la mise en forme "wordart" de votre choix à "Invitation au repas des agents".
4. Appliquer un espacement avant de 70 points devant "Madame le Maire".
5. Justifier le texte.
6. Insérer un espacement après de 70 points à la fin du texte.
7. Inscrire "Madame" et "Monsieur" et insérer une note en bas de page "barrer la mention inutile".
8. Faire un saut de ligne et inscrire "participera" avec une case vide après.
9. Faire un saut de ligne et inscrire "ne participera pas" avec une case vide après.
10. Insérer en filigrane rouge diagonale le mot "projet".
11. Faire un aperçu avant impression.

TABLEUR

1. Augmenter le titre à 16 points et centrer sur la largeur du tableau
2. Ajuster les largeurs de colonnes de façon automatique
3. Effectuer les calculs, relativement au taux de TVA situé en cellule B3
4. Appliquer sur les nombres un format monétaire à 2 décimales
5. Mettre le titre en rouge et encadré en rouge
6. Appliquer une bordure sur tout le tableau
7. Effectuer un aperçu avant impression

NOUVELLES TECHNOLOGIES

Trouver la publication "Fonction publique territoriale : Le statut en bref" sur le site du cig929394.

Éléments fournis au candidat :

TRAITEMENT DE TEXTE

Invitation au repas des agents
MadameLe maire est heureuse de vous inviter au repas organisé au sein de la salle des fêtes pour souhaiter la vienvenue aux agents novellement recrutés.
Merci de nous fair parvenir votre réponse avant le 1er juin.

Au plaisir de partagé ce moment

TABLEUR

Mobilier de bureau			
taux TVA	20%		
	prix HT	montant de la TVA	montant TTC
tables	120		
chaises	112,3		
bureau	225,222		
lampes	45,5		
armoires	322,1		

Indications de correction

Invitation au repas des agents

Madame le maire est heureuse de vous inviter au repas organisé au sein de la salle des Fêtes pour souhaiter la bienvenue aux agents nouvellement recrutés.

Merci de nous faire parvenir votre réponse avant le 1er juin.

Au plaisir de partager ce moment.

Projet

Madame Monsieur[1]

participera ☐

ne participera pas ☐

[1] Barrer la mention inutile

Mobilier de bureau			
taux de TVA	20%		
	prix HT	montant de la TVA	montant TTC
tables	120,00 €	24,00 €	144,00 €
chaises	112,30 €	22,46 €	134,76 €
bureau	225,22 €	45,04 €	270,27 €
lampes	45,50 €	9,10 €	54,60 €
armoires	322,10 €	64,42 €	386,52 €

Épreuves d'admission facultatives

Épreuve écrite de langue étrangère

Cadrage de l'épreuve

Intitulé officiel (décret n° 2007-109 du 29 janvier 2007 modifié)

Une épreuve écrite de langue vivante étrangère qui consiste en la traduction, sans dictionnaire, d'un texte rédigé dans l'une des langues suivantes, au choix du candidat au moment de son inscription : allemand, anglais, espagnol, italien, russe, arabe moderne, portugais, néerlandais, grec.

Durée : 1 heure – Coefficient : 1

Le cadrage de l'épreuve est un document élaboré dans le cadre de la cellule pédagogique nationale des centres de gestion et qui vaut pour l'ensemble des centres de gestion organisateurs des épreuves d'un concours. Il précise la nature de l'épreuve à partir de sa définition réglementaire, définit les objectifs de l'épreuve, son cadre et précise les attentes vis-à-vis des candidats. Il guide également le travail des concepteurs de sujets et apporte des éléments d'appréciation aux correcteurs et examinateurs.

Cette épreuve d'admission est facultative : les candidats la subissent s'ils en ont exprimé le souhait au moment de leur inscription. Les points qui excèdent la note de 10 à cette épreuve facultative s'ajoutent au total des notes obtenues aux épreuves obligatoires et sont valables uniquement pour l'admission.

À noter que le choix de l'épreuve facultative est définitif à la clôture des inscriptions : cela signifie qu'après cette date plus aucun changement ou ajout n'est possible.

Une épreuve écrite de traduction en français

Il s'agit d'une épreuve de traduction en français d'un texte écrit dans l'une des langues limitativement énumérées par le décret fixant la nature des épreuves, c'est-à-dire d'une épreuve de version et non de thème.

La traduction est effectuée sans dictionnaire.

Un texte

Compte tenu de la durée de l'épreuve, le texte compte environ 200 à 250 mots.

On peut estimer, en l'absence de tout programme réglementaire, que le niveau d'exigence requis est celui attendu à l'issue du collège pour la langue vivante 1 (LV1) au diplôme national du brevet (niveau A2 du CECRL, le cadre européen commun de référence pour les langues).

Les textes peuvent porter sur l'actualité politique, économique, culturelle ou sociale du monde contemporain. Ces textes ne doivent pas être excessivement littéraires, en décalage avec la pratique contemporaine de la langue.

Un barème de correction précis

Les jurys adoptent des barèmes de notation précis prenant en compte, pour toutes les langues, la qualité de la traduction.

Le candidat est évalué à la fois sur sa capacité à comprendre le texte et à le restituer dans un français correct : la traduction d'un texte d'une langue dans une autre requiert une bonne connaissance non seulement du lexique dans les deux langues, mais aussi des tournures idiomatiques propres à chaque langue. Une bonne maîtrise de la grammaire et de l'orthographe des deux langues est également nécessaire pour bien traduire un texte. Enfin, une juste perception, au-delà des mots, de l'esprit même du texte, est indispensable à une traduction pertinente.

Allemand

Wie finde ich als Erwachsener [1] noch neue Freunde?

Manchmal ist es gar nicht so leicht, neue Freunde zu finden...

Was als Kind oder Jugendlicher funktioniert, wird für Erwachsene schwieriger. Wer aber ein bisschen Zeit und Mut investiert, findet Leute, die auch auf der Suche sind.

In der Schule, während der Ausbildung oder im Studium fällt es vielen Menschen leicht, Freundschaften zu knüpfen. Später ist das oft schwieriger, denn die eigenen Kinder oder der Job nehmen viel Zeit in Anspruch.

Wie schafft man es, neue Freunde zu gewinnen ?

"Irgendwann über 30 fängt es an" erzählt Monika. Sie merkte, dass sie oft alleine war. "Was fehlt, sind Menschen, mit denen man neue Dinge erleben kann".

Monika meldete sich auf Facebook bei der Gruppe „Neu in Berlin" an, die mehr als 32 000 Mitglieder hat. Lange blieb sie dort passiv und traute sich [2] nicht, zu Treffen zu gehen – bis eine Diskussion etwas änderte.

Im Herbst 2017 fragte ein Mann in die Gruppe, wie er Frauen über 30 kennenlernen könne.

"Da ist mir klar geworden: Ich bin nicht die Einzige, die nur noch arbeitet und abends auf dem Sofa sitzt und sich Serien anguckt", sagt Monika.

Sie gründete sie eine Ü30-Gruppe [3] auf Facebook und organisierte einen Bowling-Abend. Zum ersten Treffen kamen fast 50 Leute.

Es folgten regelmäßige Treffen – zum Beispiel auf dem Weihnachtsmarkt oder in einem Kochstudio [4]. Inzwischen ist die Gruppe auf mehr als 200 Personen angewachsen. „In den vergangenen Monaten hat sich mein Leben um 180 Grad geändert", sagt Monika.

Berliner Zeitung, 04/2018

1. Ein Erwachsener/eine Erwachsene : un/une adulte
2. Sich trauen : oser
3. Ü30 = über dreißig : plus de 30 ans
4. Kochen : cuisiner

Indications de correction

Comment se faire encore de nouveaux amis quand on est adulte ?

Il n'est pas si facile parfois de trouver de nouveaux amis. Ce qui fonctionne quand on est enfant ou adolescent devient plus difficile pour des adultes. Mais celui ou celle qui investit un peu de temps et de courage trouve des personnes qui sont également en recherche.

À l'école, pendant la formation ou les études, il est facile pour beaucoup de gens de se faire des amis. Mais plus tard, c'est souvent plus difficile, car les enfants et le métier prennent beaucoup de temps.

Comment fait-on pour se faire de nouveaux amis ? « Cela commence à plus de trente ans environ » raconte Monika. Elle a constaté qu'elle était souvent seule. « Ce qui manque, ce sont des personnes avec qui on peut partager des choses ».

Monika s'est inscrite sur Facebook dans le groupe « Nouveau à Berlin » qui compte plus de 32 000 adhérents. Longtemps elle est restée passive, n'osant pas aller à des rencontres – jusqu'à ce qu'une discussion change les choses.

À l'automne 2017, un homme demanda au groupe comment faire la connaissance de femmes de plus de 30 ans.

« J'ai compris alors que je n'étais pas seule dans mon cas à me contenter de travailler et de rester le soir sur le canapé à regarder des séries », dit Monika.

Elle a créé un groupe « Plus de trente ans » sur Facebook et a organisé une soirée bowling. Presque 50 personnes sont venues à cette première rencontre.

Des rencontres régulières ont suivi – par exemple au marché de Noël ou dans un atelier de cuisine.

Entre-temps, le groupe a atteint plus de 200 personnes. « Durant ces derniers mois, ma vie a changé à 180 » dit Monika.

Berliner Zeitung, avril 2018

Éclairages sur le texte :

- Pour le verbe *sie merkte* qui a un sens assez large : remarquer, constater, trouver, sentir, etc.
- Pour *Menschen* qui a aussi un sens assez large : personnes, gens, etc.

Anglais

GIRLS BELIEVE BRILLIANCE IS A MALE TRAIT, RESEARCH INTO GENDER STEREOTYPES SHOWS

Andrei Cimpian, a co-author of a research conducted New-York University, said that the work highlights [1] how even young children can absorb and be influenced by gender stereotypes-such as the idea that brilliance or giftedness [2] is more common in men. "Because these ideas are present at such an early age, they have so much time to affect the educational [3] trajectories of boys and girls," he said.

"Already by this young age girls are seeing the evidence that is in front of their eyes and basing their ideas about who is really, really smart" said Cimpian.

Another study carried out by Christia Spears Brown, professor of psychology at Kentucky University and author of Parenting Beyond Pink and Blue revealed that parents and teachers attribute good grades in maths to hard work for girls, but to natural ability for boys.

"This study shows that girls are internalizing [4] those cultural messages early in development, believing that yes they may work hard, but they are not naturally really smart," she said. "These beliefs can have important implications for what types of academic paths children choose to take, and shows why girls are opting out of majors like physics, despite earning high grades in school".

According to Dame Athene Donald, professor of experimental physics at the University of Cambridge: "parents, teachers and the media need to work much harder eradicating gender stereotypes!"

The Guardian, 27 January 2018

1. To highlight : faire ressortir
2. Giftedness : le fait d'être doué(e)
3. Educational : scolaire
4. To internalize : assimiler

Indications de correction

D'après une étude sur les stéréotypes de genre, les filles croient que le fait d'être brillant est une caractéristique typiquement masculine

D'après Andrei Cimpian, co-auteur d'une étude réalisée à l'université de New-York, le travail souligne la manière dont même les jeunes enfants peuvent percevoir et être influencés par les stéréotypes de genre, comme par exemple l'idée que l'intelligence ou le talent serait plus propre aux hommes. Pour lui, ces idées sont déjà présentes à un âge tellement jeune qu'elles ont le temps d'avoir une incidence sur leurs parcours scolaires respectifs.

Il pense que déjà à ce très jeune âge, les filles ont la preuve sous leurs yeux et se font une idée de qui est très, très intelligent.

Selon une autre étude menée par Christia Spears Brown, professeur de psychologie à l'université du Kentucky et auteur de «la parentalité au-delà du rose et du bleu», les parents comme les enseignants attribueraient les bonnes notes en maths au travail acharné pour les filles et à une capacité naturelle pour les garçons.

Pour elle, cette étude montre que les filles assimilent ces messages culturels dès le plus jeune âge, elles croient qu'elles ont la capacité de travailler dur mais qu'elles ne sont pas naturellement intelligentes. «Ces croyances peuvent avoir d'énormes conséquences sur le choix d'études de ces enfants et montrent que peu de filles choisissent d'étudier la physique par exemple alors qu'elles ont de bonnes notes à l'école».

Selon Dame Athene Donald, professeur de physique expérimentale à l'université de Cambridge : «Les parents ainsi que les professeurs et les médias doivent travailler plus afin de combattre les stéréotypes de genre!».

The Guardian, le 27 janvier 2018

Éclairages de traduction :

Il est ici question d'un texte traitant des conséquences liées aux «stéréotypes de genre». Ces stéréotypes peuvent avoir d'importantes conséquences sur l'orientation/la vie professionnelle des jeunes filles. En français, il est plus judicieux de commencer par le sujet alors qu'en anglais, celui-ci se trouve en fin de phrase. Par exemple, pour le premier paragraphe se terminant par *he said*, il est plus adroit en français de commencer par : D'après...

Le candidat qui aurait conservé le style direct ne serait pas pénalisé.

Espagnol

El 95% de la población mundial respira un aire 'peligroso' para la salud

El 95% de la población mundial respira un aire 'peligroso' y por encima de los límites recomendables de contaminación, según un informe norteamericano. Las ciudades, son ya el cuarto factor mortal, después de la alta presión sanguínea, la mala dieta[1] y el tabaco.

La contaminación interior y exterior, causadas principalmente por la quema[2] de combustibles fósiles, contribuye a 6,5 millones de muertes prematuras al año, con una incidencia especial en las grandes megalópolis de India y China o en las zonas rurales de África.

Las emisiones del transporte, de la industria y de las centrales térmicas son por otra parte los principales responsables de la contaminación exterior. Mientras las ciudades occidentales han declarado la guerra al diésel y han levantado barreras al tráfico, en los países en desarrollo siguen circulando millones de vehículos de gasolina[3] que superan todos los límites permitidos y sin ningún tipo de control.

En la última década[4] ha ido aumentando sin embargo la presión sobre las autoridades locales, gracias a la campañas en redes sociales y a una mayor conciencia ciudadana sobre los efectos de la mala calidad del aire, que se ha convertido en el mayor riesgo ambiental para la salud humana y puede contribuir a la muerte por enfermedades respiratorias, por afecciones cardíacas y por infartos cerebrales.

El Mundo, 17 de abril de 2018

1. Régime alimentaire
2. Faire brûler
3. L'essence
4. Décennie

Indications de correction

95 % de la population mondiale respire un air « dangereux » pour la santé

95 % de la population mondiale respire un air « dangereux » qui se situe au-dessus des limites recommandées de pollution d'après un rapport fait aux États-Unis. Les villes sont déjà le quatrième facteur responsable de mort après l'hypertension sanguine, la mauvaise alimentation et le tabac.

La pollution interne et externe, causée principalement par l'utilisation de combustibles fossiles, est responsable de 6,5 millions de morts prématurées, notamment dans les grandes mégalopoles de l'Inde et de la Chine ou dans les zones rurales de l'Afrique.

Par ailleurs, les émissions de gaz liées aux transports, à l'industrie et aux centrales thermiques, sont les principales responsables de la pollution externe. Même si les villes occidentales ont déclaré la guerre au diesel et mis des barrières au trafic, dans les pays en voie de développement, des millions de véhicules à essence, qui dépassent tous les limites permissibles, continuent à circuler et ne sont soumis à aucun contrôle.

Cependant, dans les dix dernières années, la pression des autorités locales a augmenté, grâce aux campagnes sur les réseaux sociaux ainsi qu'à une plus grande conscience citoyenne sur les effets de la mauvaise qualité de l'air, ce qui est devenu le plus grand risque environnemental pour la santé humaine et peut contribuer à la mort causée par des maladies respiratoires, des affections cardiaques et des infarctus.

El Mundo, 17 avril 2018

<u>Éclairages sur le texte</u> :

Texte qui met l'accent sur les effets négatifs de la pollution de l'air dans les grandes villes sur la santé.

Il n'y pas de difficultés majeures pour la traduction, il s'agit d'un texte assez transparent.

La connaissance de quelques connecteurs logiques comme *por otra parte* ou *sin embargo* sera valorisée.

Italien

Milano, le guardie volontarie del Wwf a caccia di bracconieri: oltre 100 segnalazioni in un anno

Nella vita normale sono pensionati, funzionari dell'Unione europea, impiegati, biologi, lavoratori del teatro la Scala. Nel tempo libero si trasformano in cacciatori di bracconieri. Cercano, seguono e denunciano chi va a caccia senza rispettare le regole. Sono le guardie volontarie del Wwf in Lombardia. «Siamo una quindicina e collaboriamo con le forze dell'ordine – dice Giovanni Gottardi, coordinatore del gruppo -. Nell'ultimo anno abbiamo denunciato oltre cento cacciatori senza licenza o che non rispettavano le regole. Nei periodi di caccia giriamo per boschi e pianure, in base alle segnalazioni che ci arrivano da semplici cittadini o da cacciatori onesti».

L'ultimo intervento delle guardie del Wwf è stato fatto nel territorio del comune di Albairate (...) : quattro cacciatori, che con richiami illegali attiravano le allodole [1]. Una volta scoperti i due «imboschi» [2] dei cacciatori, fatti con teli di plastica e vegetazione, le guardie hanno chiamato gli uomini del nucleo venatorio della polizia (...).

«Purtroppo non possiamo essere ovunque. Siamo pochi, così come lo sono gli agenti delle forze dell'ordine incaricati di controllare la caccia – dice Gottardi – solo a Milano i cacciatori sono 6mila e non tutti rispettano la legge. Il nostro obiettivo non è certo criminalizzare la caccia, ma verificare che si svolga nel rispetto del calendario e delle regole».

Il corpo delle guardie volontarie della Lombardia, nato nel 1986, negli anni si è dotato di nuovi strumenti (...). Ed è sempre attivo il numero di telefono antibracconaggio 328.73.08.288. (...)

La Repubblica, edizione di Milano, 01 novembre 2016

1. Allodole : alouettes
2. Imboschi : planques

Indications de correction

Milan, les gardes bénévoles du WWF à la chasse aux braconniers : plus de 100 signalements en un an

Dans la vie de tous les jours ils sont retraités, cadres de l'Union européenne, employés, biologistes, travailleurs du théâtre La Scala. Dans leur temps libre, ils se transforment en chasseurs de braconniers. Ils recherchent, traquent et signalent ceux qui vont à la chasse sans respecter les règles. Ils sont les gardes bénévoles du WWF en Lombardie. «Nous sommes une quinzaine et nous coopérons avec les forces de l'ordre – explique Giovanni Gottardi, le coordinateur du groupe. Au cours de la dernière année, nous avons signalé plus d'une centaine de chasseurs sans permis ou qui ne respectaient pas les règles. Pendant la saison de chasse nous patrouillons dans les bois et les plaines, en fonction des informations transmises par de simples citoyens ou des chasseurs honnêtes».

La dernière intervention des gardes du WWF s'est déroulée sur le territoire de la municipalité d'Albairate (...) : quatre chasseurs, qui attiraient les alouettes avec des appâts illégaux. Une fois découvertes les deux planques des chasseurs, faites de bâches en plastique et de végétation, les gardes ont appelé les hommes de l'unité de chasse de la police (...).

«Malheureusement, nous ne pouvons être partout. Nous sommes peu nombreux, tout comme les forces de l'ordre chargées de contrôler la chasse – dit Gottardi – rien qu'à Milan il y a six mille chasseurs et tous ne respectent pas la loi. Notre objectif n'est certainement pas de criminaliser la chasse, mais de vérifier qu'elle se déroule dans le respect du calendrier et des règles».

Le corps des gardes volontaires de Lombardie, né en 1986, s'est doté au fil des années de nouveaux outils (...). Et le numéro de téléphone anti-braconnage est toujours actif : 328.73.08.288.

La Repubblica, edizione di Milano, 1er novembre 2016

Éclairages sur le texte :

Texte à la structure relativement simple, avec un usage limité tant du sujet implicite que de l'anticipation du verbe ou du COD au sujet, difficultés qui déstabilisent souvent le public français.

Quelques difficultés sont dans le lexique, qui demande d'avoir un certain recul pour ne pas tomber dans le piège de quelques faux-amis (denunciare = signaler aux forces de l'ordre, pas dénoncer publiquement). La lecture de chiffres, qui demande un minimum de préparation, est présente 3 fois, par ordre progressif de difficulté.

Portugais

Casas a preços de Paris afastam estrangeiros

Comprar casa em Portugal está cada vez mais caro e a escalada dos preços já nem sequer passa ao lado dos estrangeiros. O preço praticado em certas zonas de Lisboa e do Porto já está ao nível das grandes capitais europeias, nomeadamente de Paris.

«Temos tido casos de clientes estrangeiros que depois de uma semana de visitas dizem: lamento mas, neste momento, em Portugal, já não vamos investir», conta ao DN/Dinheiro Vivo Miguel Tilli, fundador da Home Lovers, a imobiliária que nasceu no Facebook e, orgulhosamente, não tem nem planeia abrir lojas físicas.

No ano passado, uma em cada cinco casas vendidas em Portugal foi parar a mãos estrangeiras. Brasileiros, mas sobretudo franceses, foram os que mais procuraram Portugal para viver. Têm chegado atraídos pelo sol e, sobretudo, pela segurança, e encontravam no preço dos imóveis um trunfo que convencia a ficar.

«Muito recentemente um cliente disse-me que já não queria investir em Lisboa e que ia antes comprar casa em Paris», acrescenta Tilli, assumindo que «temos zonas de Lisboa que começam a ser equiparadas aos 11 mil, 12 mil euros por metro quadrado das zonas mais chiques de Paris, onde o preço médio no primeiro trimestre se fixou nos 10 500 euros. Estamos a atingir valores que nunca pensámos há ano e meio», confessa. E as casas começam também a demorar mais tempo a vender.

Jornal de Notícias, 17 de abril de 2018

Indications de correction

Des maisons aux prix de Paris font fuir les étrangers

Acheter une maison au Portugal devient de plus en plus cher et l'escalade des prix n'épargne même plus les étrangers. Le prix pratiqué dans certaines zones de Lisbonne et de Porto a atteint le niveau des grandes capitales européennes, notamment Paris.

«Nous avons déjà eu des clients étrangers qui, après une semaine de visites nous annoncent : je regrette mais en ce moment, nous n'investirons plus au Portugal», raconte à *Dinheiro Vivo* Miguel Tilli, fondateur de Home Lovers, l'agence immobilière qui est née sur Facebook et affirme fièrement ne pas avoir d'agences physiques ni avoir l'intention d'en ouvrir.

L'année dernière, au Portugal, une maison vendue sur cinq a fini entre des mains étrangères. Des Brésiliens, mais surtout des Français, ont été ceux qui ont le plus cherché au Portugal pour y vivre. Ils arrivent attirés par le soleil et surtout par la sécurité et trouvaient dans le prix un atout qui les décidait à rester.

«Très récemment, un client m'a dit qu'il ne voulait plus investir à Lisbonne et qu'il allait plutôt acheter une maison à Paris», ajoute Tilli, affirmant que «nous avons des zones à Lisbonne qui atteignent les 11 mille, 12 mille euros le mètre carré et sont assimilées aux zones les plus chics de Paris, où le prix moyen au premier trimestre a été fixé à 10 500 euros. Nous atteignons des valeurs que nous n'avions jamais imaginées il y a un an et demi», avoue-t-il. Et on commence aussi à mettre plus de temps pour vendre les maisons.

Jornal de Notícias, 17 avril 2018

Éclairages sur le texte :

– Le texte aborde un sujet d'actualité concernant l'augmentation du prix de l'immobilier au Portugal qui a freiné les investissements des étrangers.

– *Têm chegado :* le passé composé en portugais exprime une action commencée dans le passé qui se prolonge jusqu'au présent et doit être rendu en français plutôt par le présent.

– *foi parar a mãos estrangeiras :* difficulté de vocabulaire, pour l'expression *ir parar a* : a fini entre des mains étrangères.

– *e que ia antes comprar :* l'adverbe *antes* n'a pas une valeur temporelle mais exprime une préférence et peut être rendu par «plutôt».

Épreuves d'admission facultatives

Interrogation orale

Cadrage de l'épreuve

Intitulé officiel (décret n° 2007-109 du 29 janvier 2007 modifié)

Une interrogation orale portant sur le domaine choisi par le candidat au moment de son inscription parmi les trois suivants :
- **notions générales de droit public ;**
- **notions générales de droit de la famille ;**
- **notions générales de finances publiques.**

Durée : 15 minutes – Préparation : 15 minutes – Coefficient : 1

Le cadrage de l'épreuve est un document élaboré dans le cadre de la cellule pédagogique nationale des centres de gestion et qui vaut pour l'ensemble des centres de gestion organisateurs des épreuves d'un concours. Il précise la nature de l'épreuve à partir de sa définition réglementaire, définit les objectifs de l'épreuve, son cadre et précise les attentes vis-à-vis des candidats. Il guide également le travail des concepteurs de sujets et apporte des éléments d'appréciation aux correcteurs et examinateurs.

Cette épreuve d'admission est facultative : les candidats la subissent s'ils en ont exprimé le souhait au moment de leur inscription. Les points qui excèdent la note de 10 à cette épreuve facultative s'ajoutent au total des notes obtenues aux épreuves obligatoires et sont valables uniquement pour l'admission.

À noter que le choix de l'épreuve facultative est définitif à la clôture des inscriptions : cela signifie qu'après cette date plus aucun changement ou ajout n'est possible.

Une interrogation à partir d'une question tirée au sort

Une question tirée au sort

L'épreuve commence par le tirage au sort du sujet par le candidat qui dispose ensuite de 15 minutes de préparation avant d'être entendu pendant 15 minutes.

On attend du candidat que, pendant ces 15 minutes de préparation, il élabore une réponse à la question sous forme d'un exposé de 7 à 8 minutes, soit la moitié environ du temps de l'épreuve. Le jury en informe le candidat au moment du tirage au sort. Le candidat ne peut utiliser aucun autre document que le sujet pendant le temps de préparation, il ne dispose à l'oral que du sujet et des notes qu'il aura prises pendant le temps de préparation.

Tout candidat dispose de la totalité du temps réglementaire de l'épreuve qui ne peut éventuellement être interrompue qu'à sa demande expresse.

Des correcteurs

Le candidat est généralement entendu par un sous-jury composé de deux personnes. Les sous-jurys comprennent des membres du jury plénier et/ou des examinateurs spécialisés. Un sous-jury peut par exemple être composé d'un juriste et d'un responsable de service.

Le candidat doit bien mesurer la retenue que lui impose sa qualité de candidat face à des examinateurs : la familiarité, l'agressivité sont évidemment proscrites. Les examinateurs, pour leur part, accueilleront la plupart du temps la prestation du candidat avec une empathie qui ne préjuge en rien de la note qu'ils attribueront.

Une interrogation

Le libellé de cette épreuve ne doit pas égarer le candidat : l'épreuve ne consiste pas seulement en des questions sur un sujet, mais comprend d'abord un temps d'exposé puis un temps de questions.

Un exposé

Le jury admet que l'exposé ne dure que 6 à 7 minutes au lieu des 7 à 8 demandées, mais une durée inférieure sera presque toujours préjudiciable au candidat. Celui-ci doit faire valoir ses qualités d'organisation et de rigueur, en introduisant brièvement son exposé avant d'en indiquer le plan, et en développant le plan annoncé avant de conclure.

Les examinateurs n'interrompent généralement pas le candidat pendant son exposé, sauf pour l'aider à poursuivre s'il s'arrête brutalement en cours d'exposé avant la fin du temps alloué. Ils peuvent en revanche mettre fin à l'exposé en invitant le candidat à conclure s'il excède la durée prévue.

Des questions

L'épreuve se poursuit par des questions des examinateurs à partir de l'exposé du candidat et à partir des réponses que celui-ci apporte à ces questions. Les questions n'excèdent généralement pas le champ du sujet tiré au sort, sauf lorsque celui-ci ou les connaissances du candidat sur ce sujet ont été « épuisés » par l'exposé, ou lorsque les réponses apportées par le candidat laissent apparaître des imprécisions touchant à d'autres thèmes qui méritent d'être explorés.

Un programme

Des notions générales

Cette précision apportée par le libellé réglementaire de l'épreuve ne doit pas induire les candidats en erreur : si les sujets proposés au tirage au sort portent sur des « notions générales », les questions posées au terme de l'exposé nécessitent immanquablement du candidat des connaissances précises sur le sujet.

Si le candidat a parfaitement traité le sujet ou si ses connaissances sont très insuffisantes, les questions des examinateurs pourront élargir le sujet. Dans le deuxième cas, ce sera préjudiciable au candidat dont les connaissances auront été insuffisantes.

S'agissant d'un concours de catégorie C, on n'attend pas du candidat qu'il adopte nécessairement une approche problématique du sujet : un traitement « technique » du type « question de cours » est admis, sous réserve que le candidat n'omette pas de données importantes sur le sujet.

Un programme réglementaire

L'arrêté du 29 janvier 2007 modifié fixe le programme de cette épreuve :

1. Notions générales de droit public

– L'organisation administrative des collectivités territoriales, de leurs groupements et de leurs établissements publics.

– Les principales compétences des collectivités locales.

– Les scrutins locaux.

– Les principales règles de désignation et de fonctionnement des organes délibérants et des exécutifs locaux.

– Le contrôle de légalité : définition et principes généraux.

2. Notions générales de droit de la famille

– Naissance, nom, filiation, domicile, mariage, divorce, décès.

– Les actes de l'état civil.

3. Notions générales de finances publiques

– Le budget de l'État et des collectivités territoriales : les grands principes, les principales règles d'élaboration, d'exécution et de contrôle.
– Les principales ressources des collectivités territoriales : impôts, dotations, subventions, emprunt.
– Les dépenses obligatoires.
– Notions sommaires sur la comptabilité publique locale.

Les examinateurs vérifient également, au-delà des connaissances purement théoriques, l'aptitude du candidat à communiquer, sa capacité à comprendre les questions, sa capacité à synthétiser et à adapter les réponses aux questions, etc.

Les épreuves de l'examen

Épreuve écrite d'admissibilité

Réponses à 3 à 5 questions

Cadrage de l'épreuve

Intitulé officiel (décret nº 2007-113 du 29 janvier 2007 modifié)

Une épreuve écrite à caractère professionnel portant sur les missions incombant aux membres du cadre d'emplois. Cette épreuve consiste, à partir de documents succincts remis au candidat, en trois à cinq questions appelant des réponses brèves ou sous forme de tableaux et destinées à vérifier les capacités de compréhension du candidat et son aptitude à retranscrire les idées principales des documents.

Durée : 1 heure 30 – Coefficient : 2

Le cadrage de l'épreuve est un document élaboré dans le cadre de la cellule pédagogique nationale des centres de gestion et qui vaut pour l'ensemble des centres de gestion organisateurs des épreuves d'un concours. Il précise la nature de l'épreuve à partir de sa définition réglementaire, définit les objectifs de l'épreuve, son cadre et précise les attentes vis-à-vis des candidats. Il guide également le travail des concepteurs de sujets et apporte des éléments d'appréciation aux correcteurs et examinateurs.

À partir de documents succincts...

Des documents...

L'intitulé réglementaire de l'épreuve n'étant pas « à partir d'un ou plusieurs documents », mais bien « à partir de documents », il convient d'opter sans hésitation pour **plusieurs documents** qui offrent l'avantage :

– de permettre au candidat qui ne comprendrait pas un document de « se rattraper » à l'aide des autres ;

– de vérifier les capacités de compréhension du candidat à partir de documents différents tant par leur forme que, le cas échéant, leur registre de langue ;

– d'évaluer l'aptitude du candidat à aller chercher l'information là où elle se trouve.

Il est à cet égard souhaitable que les **documents** soient **de formes différentes**, le sujet pouvant par exemple comprendre un **texte**, un **document graphique**, un **document visuel**.

Cette épreuve étant « à caractère professionnel », on veillera à éviter des textes littéraires, et, plus généralement, des documents que leur forme ou leur fond placerait en trop fort décalage avec les missions incombant au cadre d'emplois.

Pour mémoire, au sein des collectivités territoriales et de leurs établissements publics, les missions dévolues aux adjoints administratifs principaux de 2e classe sont les suivantes :

« Les adjoints administratifs territoriaux sont chargés de tâches administratives d'exécution, qui supposent la connaissance et comportent l'application de règles administratives et comptables.

« Ils peuvent être chargés d'effectuer divers travaux de bureautique et être affectés à l'utilisation des matériels de télécommunication.

« Ils peuvent être chargés d'effectuer des enquêtes administratives et d'établir des rapports nécessaires à l'instruction de dossiers.

« Ils peuvent être chargés de placer les usagers d'emplacements publics, de calculer et de percevoir le montant des redevances exigibles de ces usagers.

« Lorsqu'ils relèvent des grades d'avancement, les adjoints administratifs territoriaux assurent plus particulièrement les fonctions d'accueil et les travaux de guichet, la correspondance administrative et les travaux de comptabilité.

« Ils peuvent participer à la mise en oeuvre de l'action de la collectivité dans les domaines économique, social, culturel et sportif.

« Ils peuvent être chargés de la constitution, de la mise à jour et de l'exploitation de la documentation ainsi que de travaux d'ordre.

« Ils peuvent centraliser les redevances exigibles des usagers et en assurer eux-mêmes la perception. Ils peuvent être chargés d'assurer la bonne utilisation des matériels de télécommunication.

« Ils peuvent être chargés du secrétariat de mairie dans une commune de moins de 2 000 habitants.

« Ils peuvent se voir confier la coordination de l'activité d'adjoints administratifs territoriaux de 2e classe. »

... succincts

Le niveau de l'examen et la durée de l'épreuve interdisent de transformer celle-ci en épreuve de synthèse sur dossier. Outre les questions posées, **le sujet comprendra ainsi de l'ordre de trois à cinq pages**.

... Trois à cinq questions appelant des réponses brèves

Trois à cinq questions

La durée de l'épreuve, la volonté de faire reposer l'évaluation des capacités du candidat sur un nombre suffisant de questions pour minimiser la part du hasard, en évitant à la fois qu'un candidat soit pénalisé ou avantagé selon que le champ des questions serait proche ou éloigné d'un savoir ou de centres d'intérêt spécialisés, plaident en faveur de **cinq questions**, d'autant que les réponses attendues sont brèves.

Le nombre de points alloués pourra varier d'une question à l'autre. Le sujet précisera le nombre de points attaché à chaque question, afin que le candidat puisse se déterminer en toute connaissance de cause.

On pourra admettre que les candidats traitent les questions dans l'ordre qui leur convient.

Des réponses brèves ou sous forme de tableaux

Si l'intitulé réglementaire ne précise pas la longueur des « réponses brèves », la notion de brièveté et le fait que les réponses attendues puissent prendre la forme de tableaux permettent de mesurer que l'épreuve n'est pas essentiellement une épreuve rédactionnelle.

On pourra ainsi attendre des réponses de **dix à quinze lignes**, cette précision pouvant être portée dans le sujet afin que le candidat puisse mesurer sans ambiguïté ce qui est attendu de lui.

Le libellé de l'épreuve invite à prendre davantage en compte le contenu de la réponse apportée que sa forme. On pourra ainsi, pour certaines réponses, se contenter d'énumérations précédées de tirets, sous réserve que les réponses soient compréhensibles.

Pour une question donnée, le libellé peut toutefois préciser qu'une réponse intégralement rédigée est attendue et qu'elle sera notamment évaluée en fonction du respect des règles syntaxiques.

Les réponses sous forme de tableaux peuvent requérir **des calculs basiques**, comme le calcul de pourcentages, que les candidats pourront être amenés à justifier si la ou les questions le précisent.

Les capacités de compréhension et l'aptitude à retranscrire les idées principales des documents

Les capacités de compréhension

Le candidat devra à la fois analyser les informations contenues dans les différents documents pour comprendre puis montrer par ses réponses qu'il a compris.

L'évaluation des capacités de compréhension autorise la formulation de questions sous des formes très variées :

- que signifie tel mot, telle expression ?
- trouvez un synonyme de tel mot, un antonyme de tel mot...
- quelle est l'idée principale du document... ?
- citez deux exemples du document... particulièrement significatifs de l'idée principale
- quelles illustrations chiffrées de telle tendance trouve-t-on dans les documents ?
- présentez sous forme de tableau les données chiffrées du document...
- etc.

Cet item autorise également des questions requérant le cas échéant la mobilisation d'informations non inclues dans les documents : des questions simples permettant de mesurer notamment l'intérêt que le candidat porte à l'actualité du sujet sont envisageables, dans la mesure où cet intérêt est nécessaire à la compréhension attendue du futur adjoint administratif principal de 2e classe. Le candidat peut de même être invité à mobiliser des idées ou des faits contredisant ceux des documents ou, de manière plus ouverte, son avis argumenté peut être sollicité sur telle ou telle idée qu'ils contiennent.

L'aptitude à retranscrire les idées principales des documents

Le concept « d'aptitude à retranscrire » apporte une précision sur l'un des moyens utilisables pour mesurer les capacités de compréhension du candidat : il peut lui être demandé de procéder à un relevé des principaux arguments d'un texte, comme de titrer les différents paragraphes d'un texte, ou de proposer un ou des titres plus pertinents que le ou les titres originaux.

Une proposition de barème de correction

Dans la logique des éléments de cadrage ci-dessus, des erreurs de syntaxe et d'orthographe peuvent être pénalisées ainsi que la présentation d'ensemble.

À titre indicatif, le barème suivant peut être appliqué :

- copie négligée (soin, calligraphie, présentation) : – 0,5 point ;
- au-delà de 15 fautes d'orthographe : – 1 point.

Les fautes d'orthographe et de syntaxe sont pénalisées en fonction du barème adopté par le jury de chaque session.

Sujet 2017

Centre interdépartemental de gestion de la grande couronne, Centre de gestion de Mayotte et Centre de gestion de la Réunion

EXAMEN PROFESSIONNEL D'AVANCEMENT AU GRADE D'ADJOINT ADMINISTRATIF TERRITORIAL DE 1ère CLASSE

NOUVELLE APPELLATION A PARTIR DU 1er JANVIER 2017 (PPCR)

ADJOINT ADMINISTRATIF TERRITORIAL PRINCIPAL DE 2ème CLASSE

SESSION 2017

Une épreuve écrite à caractère professionnel portant sur les missions incombant aux membres du cadre d'emplois. Cette épreuve consiste, à partir de documents succincts remis au candidat, en trois à cinq questions appelant des réponses brèves ou sous forme de tableaux et destinées à vérifier les capacités de compréhension du candidat et son aptitude à retranscrire les idées principales des documents.

Durée : 1h30
Coefficient : 2

Les candidats sont invités à répondre de façon organisée et suffisamment explicite. Il sera tenu compte de la présentation, de la syntaxe et de l'orthographe.
Il ne sera pas tenu rigueur au candidat qui utiliserait certains mots du texte, toutefois il ne s'agit pas de recopier le texte dans son intégralité.

A LIRE ATTENTIVEMENT AVANT DE TRAITER LE SUJET

Vous ne devez faire apparaître aucun signe distinctif dans votre copie, ni votre nom ou un nom fictif, ni initiales, ni votre numéro de convocation, ni le nom de votre collectivité employeur, de la commune où vous résidez ou du lieu de la salle d'examen où vous composez, ni signature ou paraphe.

Sauf consignes particulières figurant dans le sujet, vous devez impérativement utiliser une seule et même couleur non effaçable pour écrire et souligner. Seule l'encre noire ou l'encre bleue est autorisée. L'utilisation de plus d'une couleur, d'une couleur non autorisée, d'un surligneur pourra être considérée comme un signe distinctif.

Le non-respect des règles ci-dessus peut entraîner l'annulation de la copie par le jury.

Les feuilles de brouillon ne sont en aucun cas prises en compte.

L'utilisation d'une calculatrice de fonctionnement autonome et sans imprimante est autorisée.

Ce document comprend 7 pages, y compris celle-ci

Il appartient au candidat de vérifier que le document comprend le nombre de pages indiqué.
S'il est incomplet, en avertir un surveillant

Après avoir pris connaissance des documents joints, répondez aux 5 questions suivantes dans l'ordre qui vous convient, en prenant soin de préciser le numéro de la question avant d'y répondre.

Question 1 (5,5 points)

À partir des documents : 1, 2 et 3,

a) citez les raisons de l'absentéisme et
b) les mesures qui pourraient être mises en œuvre pour lutter contre ce phénomène.

Question 2 (6 points)

a) D'après le document 3, l'absentéisme revient cher aux collectivités. Expliquez en quelques lignes pourquoi.

b) Indiquez les différentes natures d'arrêt de travail pour raison de santé. Quel constat fait-on sur la maladie ordinaire et sur la longue maladie (hors coût des absences) ? Comment l'expliquez-vous ?

Question 3 (1,5 point)

Dans le texte ci-dessous, certains mots sont mal orthographiés. Réécrivez, sans erreur, ces mots sur votre copie, dans l'ordre du texte (sans recopier le texte) :

On ne le dira jamais assez : quand ça va mal dans une organisation de travail, quelque soit les symptômes (absentéisme, démotivation généralisée, perte d'efficacité, souffrance au travail…), la responsabilité en incombe au management (je comprends là-dedans les élus et le haut encadrement). C'est sur ces failles que se construit la défience, c'est à lui de trouver les solutions pour faire repartir la machine.

03/08/2015 | par Nicolas Braemer. La lettre du cadre. (des erreurs d'orthographe ont été volontairement ajoutées dans ce texte)

Question 4 (1,5 point)

Mettez le verbe entre parenthèses à la forme qui convient :

a) Les deux agents se sont (apercevoir) tardivement de leur erreur.
b) Les demandes d'inscription doivent être (effectuer) au plus tard huit jours avant la date limite de clôture des inscriptions.
c) Les candidats sont invités à produire les pièces manquantes. A défaut de production de ces pièces, l'admission à concourir leur sera (retirer).

Question 5 (5,5 points)

La fonction publique comprend 3 versants, la fonction publique d'Etat (FPE), la fonction publique territoriale (FPT) et la fonction publique hospitalière (FPH).
De 2012 à 2013, les effectifs des agents ont évolué comme l'indique ce tableau :

Effectifs par versant de la fonction publique avec contrats aidés		
	2012	2013
FPE	2 450 800	2 476 500
FPT	1 912 800	A calculer
FPH	1 153 200	1 172 600
Ensemble	A calculer	5 600 500

Source INSEE

Recopiez ce tableau sur votre copie en le complétant grâce aux nouvelles informations ; (vous ferez figurer le détail de vos calculs sur votre copie) :

a) Calculez le nombre de fonctionnaires total en 2012
b) Calculez le nombre de fonctionnaires de la fonction publique territoriale en 2013
c) Exprimez les effectifs de chaque versant de la fonction publique en pourcentage arrondi au centième près, par rapport au total des effectifs pour chacune des années considérées.
d) Exprimez l'évolution en pourcentage arrondi au dixième près, des effectifs de 2013 par rapport à 2012, pour chaque versant de la fonction publique et pour l'ensemble.

Liste des documents joints :

DOCUMENT 1 : « Absentéisme : les initiatives locales pour enrayer le phénomène », Maud Parnaudeau, *La Gazette des communes*, 7 juin 2016 - 2 pages

DOCUMENT 2 : « Des leviers pour prévenir l'absentéisme », Gaëlle Ginibrière, *La Gazette des communes*, 24 octobre 2011 - 1 page

DOCUMENT 3 : « Fonction publique territoriale : l'absentéisme pour maladie coûte cher aux collectivités locales », *Villes de France*, mercredi 15 juillet 2015 - 1 page

Certains documents peuvent comporter des renvois à des notes ou à des documents volontairement non fournis car non indispensables à la compréhension du sujet

Document 1

Absentéisme : les initiatives locales pour enrayer le phénomène

Publié le 07/06/2016 • Par **Maud Parnaudeau** • La Gazette des communes.

Des spécialistes RH étaient réunis par le Club RH de La Gazette le 19 mai à Aix-en-Provence, dans les locaux du centre de gestion des Bouches-du-Rhône, pour témoigner de leur expérience et apporter leur éclairage sur la question de l'absentéisme, dont le taux ne cesse de progresser dans la fonction publique. Quelles mesures privilégier ? Pour quels résultats ? Voici quelques éléments de réponse.
« Il est de notre rôle, en tant que centre de gestion, de participer à des rencontres d'échanges d'expériences pour aider les collectivités à gérer l'absentéisme », a expliqué Sakina Larbi, directrice générale des services du centre de gestion des Bouches-du-Rhône, en ouverture de la matinée sur la prévention de l'absentéisme, organisée par le Club RH de La Gazette le 19 mai.

La spécialiste a également insisté sur l'importance du soutien et du portage politique. Tout comme Christophe Bertrand, directeur général des services de la communauté d'agglomération du Grand Avignon, regrettant au passage que « la question de l'absentéisme n'intéresse généralement pas les élus ».

Avant d'entamer les échanges, Jean-Charles Rivet, directeur général adjoint de Sofaxis, a dressé un panorama des absences pour raisons de santé dans les collectivités, permettant de mieux comprendre les causes de la progression de l'absentéisme. « Ce sont les maladies professionnelles, et en priorité les troubles musculo-squelettiques (TMS), qui tirent la courbe de l'absentéisme vers le haut », a-t-il expliqué. Entre 2003 et 2014, le nombre de maladies professionnelles indemnisées a été multiplié par quatre. Le spécialiste a par ailleurs indiqué que la moyenne des arrêts est de plus en plus longue, notamment en raison du vieillissement des agents.

Faire du sur-mesure

A partir de là, comment faire ? « L'absentéisme est un phénomène multifactoriel et complexe qui amène des réponses diverses. L'approche doit être à la fois collective et individuelle », a expliqué Jérémie Vencatachellum, élève administrateur territorial de l'INET. Il faut donc combiner différents leviers et adapter les réponses à la réalité de chaque collectivité. Et même, à la réalité de chaque direction ou service.

« Chacun a des problématiques différentes. On ne peut pas apporter des réponses uniformes », a rappelé Christophe Bertrand. Il en va de même pour le traitement des situations individuelles. D'où l'intérêt de constituer des équipes de travail pluridisciplinaire pour proposer des réponses sur-mesure, comme l'a expliqué lors de son intervention Laurent Péres, DRH du conseil de territoire n°5 de la Métropole d'Aix-Marseille-Provence.

Quelles que soient les mesures prises, elles doivent être régulièrement réinterrogées et adaptées. « On ne peut pas régler le problème une fois pour toute et passer à autre chose », a prévenu Jérémie Vencatachellum.

Les intervenants ont également rappelé la nécessité d'impliquer toute la chaîne hiérarchique pour traiter l'absentéisme. « Tous les acteurs doivent être sensibilisés et impliqués chacun à leur niveau », a résumé Carole Brevitaz, chef du service « prévention et sécurité au travail » du centre de gestion des Bouches-du-Rhône.

Agir sur tous les fronts

Sur les mesures précises à mettre en œuvre, il a largement été question des primes d'assiduité, à l'œuvre notamment à la communauté d'agglomération du Grand Avignon et au sein du conseil de territoire n°5 de la Métropole d'Aix-Marseille-Provence. Prime dont l'efficacité se révèle discutable, avec des résultats sur les arrêts de courte durée, mais qui s'étiolent au fil du temps.

Présente dans la salle, Sonia Pavic, DGA ressources humaines de la ville d'Aix-en-Provence, a vanté les mérites de l'organisation du travail comme outil de prévention de l'absentéisme. Estimant notamment qu'il faut « permettre aux agents de mieux concilier vie privée et vie professionnelle, avec par exemple des horaires flexibles ».

Laurent Peres a de son côté insisté sur le travail d'analyse des dysfonctionnements. « Par exemple, le suivi régulier des arrêts d'accident de service et maladie professionnelle a contribué à faire baisser de 67 % les arrêts pour maladie professionnelle », a-t-il indiqué.

Pour des services difficiles, comme celui de la collecte des déchets évoqué par Christophe Bertrand, directeur général des services de la communauté d'agglomération du Grand Avignon, « il faut travailler sur l'utilité sociale des agents en communiquant auprès de la population. Ce peut être un levier de motivation », a proposé Sonia Pavic.

En guise de conclusion, Vincent Bonnafoux, DGA chargé des ressources humaines de la Métropole d'Aix-Marseille-Provence, a estimé que l'absentéisme est « un sujet mouvant qui demande de la créativité, de l'humilité et de la persévérance ».

Document 2

Des leviers pour prévenir l'absentéisme

La Gazette des communes. 24/10/2011 • Par Gaëlle Ginibrière

Lutter contre l'absentéisme doit commencer par un diagnostic des causes. Souvent, le phénomène révèle une démotivation profonde des agents.

Les causes de l'absentéisme ne sont pas toujours celles que l'on croit. Et la question est d'autant plus prégnante que le phénomène s'est accru en 2008 et 2009.

A l'origine d'un fort taux d'absentéisme apparaissent ainsi des raisons aussi diverses qu'un manque de reconnaissance professionnelle, le vieillissement de la pyramide des âges, des perspectives d'évolution limitées, du stress ou une surcharge de travail, de nouvelles exigences ou des parcours professionnels qui engendrent une certaine usure. D'où l'importance d'un diagnostic approfondi.

Trois facteurs :

« Il faut interroger les personnes, prendre le pouls de la collectivité, ce qui peut être réalisé en interne, sans l'intervention d'un cabinet extérieur, sauf s'il existe un conflit potentiel fort, conseille Thierry Rousseau, chargé de mission au département changements technologiques et organisationnels de l'Agence nationale pour l'amélioration des conditions de travail [Anact]. Trop souvent, les DRH ont une réponse coercitive immédiate, comme les contre-visites médicales, qui ne produisent pas forcément d'effets et n'analysent pas le problème. »
Dans sa revue « Travail et changement », l'association donne ainsi l'exemple de la mairie de Paris, où un diagnostic a été entrepris en 2007. A l'issue d'entretiens avec 90 agents, trois principaux facteurs ont été mis en avant :

1. les conditions physiques et matérielles de travail (par exemple, le nettoyage dans les écoles, souvent d'anciens bâtiments peu fonctionnels),
2. la reconnaissance
3. et l'évolution de carrière.

Une fois le diagnostic établi, un plan d'action peut être déployé. Entre autres mesures, la ville de Béziers (Hérault) s'attache particulièrement à la prévention des accidents du travail. « Dans ce domaine, les interventions du service hygiène et sécurité et du médecin du travail se traduisent par une baisse significative du nombre de jours d'absence », indique Marie-Claude Sevely, DRH.

Document 3

Fonction publique territoriale : l'absentéisme pour maladie coûte cher aux collectivités locales

Selon une note de conjoncture* de Sofaxis, courtier en assurance auprès des collectivités territoriales et des établissements hospitaliers, en date du 26 juin 2015, sur les absences pour raison de santé des agents territoriaux, le taux d'absentéisme dans les collectivités territoriales s'élève en moyenne à 8,7% en 2014.

Depuis 2009, ce taux a connu une croissance de 18% toutes natures d'arrêts confondues (maladie ordinaire, longue maladie/longue durée, accident du travail et maternité).

Corollaire de cette augmentation, le nombre de jours d'arrêts par agent employé a progressé de 12% depuis cinq ans, passant de de 22 à 24 jours.

La maladie, premier facteur d'absentéisme dans les collectivités territoriales

La maladie ordinaire représente le premier facteur d'absence pour raisons de santé et concentre au global 48% du taux d'absentéisme pour raison de santé.

En 2014, la fréquence des arrêts atteint 65 arrêts pour 100 agents.

Sur les 42% d'agents absents au moins une fois en 2014, 31% d'entre eux l'ont été pour cause de maladie ordinaire (6% pour accident du travail, 3% pour longue maladie et 2% en maternité).

Principale cause d'absence, l'arrêt de travail en maladie ordinaire n'est pas celui qui dure le plus longtemps. En effet, la durée moyenne d'absence s'élève à 37 jours, toutes natures d'arrêt confondues. La maladie ordinaire ne représente que 22 jours en moyenne contre 222 jours pour la nature de maladie la plus lourde (longue maladie).

Toutefois, l'âge exerce une influence importante sur la durée des absences. Plus les agents avancent en âge, plus la durée des arrêts tend à s'allonger.

L'impact des absences sur le budget de fonctionnement

Le coût moyen des absences par agent employé s'établit en 2014 à 1 921 euros toutes natures d'arrêt confondues. La maladie ordinaire représente 45% de ce coût moyen (soit 873 euros), suivi de la longue maladie (28%, soit 533 euros).

Le coût moyen d'un arrêt en maladie ordinaire s'élève à 21 428 euros sur la base d'un salaire moyen et peut atteindre 137 517 euros pour un congé de longue durée.

La prise en charge des frais médicaux entraîne un impact budgétaire direct sur la collectivité, mais également des coûts indirects (remplacement, réaffectation, surcharge de travail, stress..). L'impact financier global des absences varie selon l'effectif employé par les collectivités. Le montant peut varier de 380 000 euros pour une commune de 220 agents à plus de 6 millions d'euros pour une région de 3 500 agents.

** Etude basée sur un échantillon de 376 815 agents affiliés à la CNRACL, répartis dans 18 291 collectivités assurées pour des arrêts de travail déclarés entre 2007 et 2014.*

Mercredi 15 juillet 2015. Villes de France.

Indications de correction

Après avoir pris connaissance des documents joints, répondez aux 4 questions suivantes dans l'ordre qui vous convient, en prenant soin de préciser le numéro de la question avant d'y répondre.

Question 1 : 2,5 pts + 3 pts soit 5,5 points

a) Les raisons : (2,5 pts)

1. Raisons de santé : maladies professionnelles, maladie ordinaire, longue maladie, maternité, vieillissement. (0,5 point)
2. Manque de reconnaissance professionnelle. (0,5 point)
3. Stress. (0,5 point)
4. Des conditions de travail difficiles : surcharge de travail, l'usure. (0,5 point)
5. Evolution de carrière limitée. (0,5 point)

b) Les mesures : (3 pts)

1. Traitement de chaque cas individuellement pour une réponse personnalisée. (0,5 point)
2. Sensibilisation des agents, quel que soit leur niveau, pour qu'ils soient impliqués dans la lutte contre le problème de l'absentéisme. (0,5 point)
3. Mise en place de la prime d'assiduité. (0,5 point)
4. Prévention de l'absentéisme par une meilleure organisation du travail et notamment en instaurant des horaires flexibles. (0,5 point)
5. Intervention du service hygiène et sécurité et du médecin du travail dans la prévention des accidents de travail. (0,5 point)
6. Un meilleur suivi des arrêts d'accident de service et des maladies professionnelles. (0,5 point)
7. Agir auprès de la population pour faire gagner en reconnaissance les métiers de la fonction publique. (0,5 point)

(Liste non exhaustive. 0,5 pt par mesure, dans la limite de 3 pts)

Question 2 : 2 pts + 2 pts + 2 pts soit 6 points

a) Impact de l'absentéisme sur le budget de la collectivité, en coûts directs et indirects :

En termes de coûts directs (2 pts) : il s'agit du prix de prise en charge des frais médicaux par les collectivités.
En prenant comme année de référence l'année 2014 :

- 45% du coût moyen des absences par agent pour maladie ordinaire.
- 28% du coût moyen pour longue maladie.

En termes de coûts indirects (2 pts) :
Pour pallier les absences des agents, les collectivités doivent prendre en charge des coûts supplémentaires en matière de remplacement, de réaffectation, de surcharge de travail ou encore de stress.

b) Les différentes natures d'arrêt de travail : La maladie ordinaire, la longue maladie, les accidents du travail et le congé maternité constituent les grands motifs d'absence pour raison de santé (1 pt).

Constat : La maladie ordinaire représente le premier facteur d'absence pour raisons de santé et représente globalement 48 % de ce type d'absentéisme. La longue maladie, qui ne représente que 3 % des causes d'arrêt de travail, a en revanche une durée plus longue : 222 jours d'arrêt contre 22 jours pour la maladie ordinaire. (0,5 pt)

Explication : La nature des maladies impliquées (gravité, ou caractère chronique) nécessite des traitements et arrêts de plus longue durée. (0,5 pt)

Question 3 : 0,5 pt x 3 soit 1,5 point

1. quelque : quels que (0,5 point)
2. soit : soient (0,5 point)
3. défience : défiance (0,5 point)

On accordera 0,5 pt par correction exacte. On retirera 0,25 pt à chaque faute introduite par le candidat, et on retirera 0,25 pt si le texte est recopié et 0,25 pt si l'ordre du texte n'est pas respecté sans que la note finale ne soit jamais négative.

Question 4 : 0,5 pt x 3 soit 1,5 point

1. aperçus (0,5 point)
2. effectuées (0,5 point)
3. retirée (0,5 point)

Question 5 : 5,5 points

Effectifs par versant de la fonction publique avec contrats aidés					
	2012	Effectifs en % 2012/ensemble	2013	Effectifs en % 2013/ensemble	Evolution 2012-2013 (%)
FPE	2 450 800	**44,42**	2 476 500	**44,22**	**1,0**
FPT	1 912 800	**34,67**	**1 951 400**	**34,84**	**2,0**
FPH	1 153 200	**20,90**	1 172 600	**20,94**	**1,7**
Ensemble	**5 516 800**	**100,00**	5 600 500	**100,00**	**1,5**

Pénalité de - 0,5 pt maximum si un ou plusieurs résultats non justifiés.
Pénalité de - 0,5 pt maximum si présence d'un ou plusieurs arrondis inexacts.

a) 2 450 800 + 1 912 800 + 1 153 200 = **5 516 800 (0,5 pt)**
b) 5 600 500 – (2 476 500 + 1 172 600) = **1 951 400 (0,5 pt)**
c) (2 450 800 x 100) / 5 516 800 = **44,42**
(1 912 800 x 100) / 5 516 800 = **34,67**
(1 153 200 x 100) / 5 516 800 = **20,90**

(2 476 500 x 100) / 5 600 500 = **44,22**
(**1 951 400** x 100) / 5 600 500 = **34,84**
(1 172 600 x 100) / 5 600 500 = **20,94**
} **(6 x 0,25 pt = 1,5 pt)**

d) (2 476 500 - 2 450 800) / 2 450 800 = augmentation de **1,0** %
(1 951 400 - 1 912 800) / 1 912 800 = augmentation de **2,0** %
(1 172 600 - 1 153 200) / 1 153 200 = augmentation de **1,7** %
(5 600 500 - 5 516 800) / 5 516 800 = augmentation de **1,5** %
} **(4 x 0,75 pt = 3 pts)**

Bonne copie

CIG GRANDE COURONNE

DATE : 14/03/17

CONCOURS OU EXAMEN : Examen Professionnel

EPREUVE : Adjoint administratif de 1ère classe.

CADRE RÉSERVÉ À L'ADMINISTRATION

Signatures des correcteurs 1er correcteur	2nd correcteur	Numéro d'anonymat	Note sur 20
			19

[redacted]

A remplir (en caractères d'imprimerie et à cacheter par le candidat)

N° de convocation :

NOM :

PRENOM :

Date de naissance :

Signature :

Question 1

Les raisons de l'absentéisme dans la fonction publique peuvent être classées en deux catégories.

La première concerne les problèmes de santé.

En effet, la maladie professionnelle, la maladie ordinaire, les accidents de travail, la longue maladie ou la maternité sont des raisons d'absentéisme fort.

Afin de pallier cet absentéisme, différentes mesures peuvent être mises en œuvre : les primes d'assiduité, qui fonctionneraient sur les arrêts maladie de courte durée par exemple. Il peut aussi être mis en œuvre des horaires flexibles ou une organisation du travail adaptée à certains postes.

Par ailleurs, il est important qu'un suivi régulier des arrêts soit mis en place et que les mesures prisent soient réadaptées dans le temps. Les agents, pour être moins absents, doivent pouvoir concilier leur vie privée et professionnelle, ils doivent aussi sentir qu'ils ont une utilité sociale au sein de leur établissement.

Pour les absences pour longue maladie ou accidents professionnels, des mesures de prévention peuvent être mises en place avec la coopération du service hygiène et sécurité et le médecin du travail.

La seconde raison d'absentéisme au travail est plus liée à la situation professionnelle des agents.

En effet, la démotivation, le manque de reconnaissance, les perspectives d'évolution limitée, le stress, la surcharge de travail, les nouvelles exigences hiérarchiques ou l'usure professionnelle sont la cause du fort taux d'absentéisme dans les établissements publics.

Les mesures à mettre en œuvre pour ce type d'absentéisme sont pour la plupart semblables à celles pour l'absentéisme pour raison de santé.

Cependant, une interrogation des agents et un réel diagnostic des causes doivent être effectués dans l'établissement.

Ensuite, les mesures peuvent porter sur les conditions de travail (physiques et matérielles) ou la reconnaissance ou encore l'évolution de carrière.

Question 2

a) L'absentéisme revient cher aux collectivités, car hormis les frais médicaux, dans les cas d'accidents de travail ou de maladie professionnelle, les collectivités ont des coûts indirects notamment pour les remplacements des agents absents ou la réaffectation des agents après de longs arrêts.

Par ailleurs, la surcharge de travail pour les agents devant remplacer totalement ou partiellement les agents absents peut coûter des heures supplémentaires.

b) Les différentes natures d'arrêt de travail pour raison de santé sont : les maladies professionnelles, les maladies ordinaires, les accidents de travail, les longues maladies et la maternité.

La maladie ordinaire est le premier facteur d'absence pour raison de santé (48 %), cependant ce n'est pas la cause d'absence la plus longue.

La longue maladie, comme son nom l'indique, représente une durée d'absence beaucoup plus longue (222 jours contre 22 jours pour la maladie ordinaire). La longue maladie concerne des maladies plus graves, plus compliquées à traiter, ce qui explique la durée dix fois plus longue d'absence.

Question 3
Quels que soient
Défiance

Question 4
a) Les deux agents se sont aperçus tardivement de leur erreur.
b) Les demandes d'inscription doivent être effectuées au plus tard huit jours avant la date limite de clôture des inscriptions.
c) Les candidats sont invités à produire les pièces manquantes. À défaut de production de ces pièces, l'admission à concourir leur sera retirée.

Question 5

Effectifs par versant de la fonction publique avec contrats aidés					Évolution
	2012	Effectifs en % 2012/ensemble	2013	Effectifs en % 2013/ensemble	2012-2013 (%)
FPE	2 450 800	44,42	2 476 500	44,22	1,0
FPT	1 912 800	34,67	1 951 400	34,84	2,0
FPH	1 153 200	20,90	1 172 600	20,94	1,7
Ensemble	5 516 800	100,00	5 600 500	100,00	1,5

a) 2 450 800 + 1 912 800 + 1 153 200 = 5 516 800
b) 5 600 500 – 2 476 500 – 1 172 600 = 1 951 400
c) 2012 → FPE : (2 450 800/5 516 800) x 100 -> 44,42 %
FPT : (1 912 800/5 516 600) x 100 -> 34,67 %
FPH : (1 153 200/5 516 800) x 100 -> 20,90 %
2013 → FPE : (2 476 500/5 600 500) x 100 -> 44,22 %
FPT : (1 951 400/5 600 500) x 100 -> 34,84 %
FPH : (1 172 600/5 600 500) x 100 -> 20,94 %
d) FPE → évolution de 1 % entre 2012 et 2013 : (2 476 500 – 2 450 800) / 2 450 800 x 100
FPT → évolution de 2 % entre 2012 et 2013 : (1 951 400 – 1 912 800) / 1 912 800 x 100
FPH → évolution de 1,7 % entre 2012 et 2013 : (1 172 600 – 1 153 200) / 1153200 x 100
Ensemble → évolution de 1,5 % entre 2012 et 2013 : (5 600 500 – 5 516 800) / 5 116 800 x 100

NOTE ET OBSERVATIONS DES CORRECTEURS

Cette copie a obtenu la note de 19 sur 20

Premier correcteur : note de 19/20

Très bon devoir !

Les réponses apportées sont bien structurées et complètes.

Deuxième correcteur : note de 19/20

Très bien.

Épreuve orale d’admission

Entretien avec le jury

Cadrage de l'épreuve

Intitulé officiel (décret n° 2006-1690 du 22 décembre modifié)

Un entretien destiné à permettre d'apprécier l'expérience professionnelle du candidat, sa motivation et son aptitude à exercer les missions qui lui seront confiées. Cet entretien débute par une présentation par le candidat de son expérience professionnelle sur la base d'un document retraçant son parcours professionnel et suivie d'une conversation.

Ce document, établi conformément au modèle fixé par arrêté du ministre chargé des collectivités locales, est fourni par le candidat au moment de son inscription et remis au jury préalablement à cette épreuve.

Durée : 15 minutes, dont 5 minutes au plus d'exposé – Coefficient : 3

Le cadrage de l'épreuve est un document élaboré dans le cadre de la cellule pédagogique nationale des centres de gestion et qui vaut pour l'ensemble des centres de gestion organisateurs des épreuves d'un concours. Il précise la nature de l'épreuve à partir de sa définition réglementaire, définit les objectifs de l'épreuve, son cadre et précise les attentes vis-à-vis des candidats. Il guide également le travail des concepteurs de sujets et apporte des éléments d'appréciation aux correcteurs et examinateurs.

Il convient d'attirer l'attention du candidat sur le fait que cette épreuve joue un rôle important dans la réussite de l'examen professionnel d'avancement au grade d'adjoint administratif principal de 2e classe, puisqu'elle « pèse » d'un coefficient 3 sur un total de 5.

Par ailleurs, sont autorisés à se présenter à l'épreuve orale les candidats ayant obtenu une note égale ou supérieure à 5/20 à l'épreuve écrite.

Un entretien

Un entretien

Le libellé de cette épreuve ne doit pas égarer le candidat :

– l'épreuve ne consiste pas en un entretien « à bâtons rompus » avec un jury d'entretien, mais en un échange entre ce jury et le candidat fondé sur des **questions du jury** auxquelles doit répondre le candidat. Celles-ci sont destinées à apprécier tant la motivation du candidat que ses connaissances et savoir-faire professionnels appliqués au contexte territorial ;

– ce libellé ne prévoit ni sujet tiré au sort, ni temps de préparation, ni document à l'appui : les questions posées par les examinateurs, choisies par le jury au sein d'une « palette » de questions et de mises en situation préalablement élaborées par ce dernier, appellent des réponses « en temps réel », sans préparation ; le candidat ne peut recourir à aucun document (CV…) pendant l'épreuve y compris **le document retraçant son parcours professionnel, remis par lui au moment de son inscription,** dont dispose en revanche le jury.

L'entretien est précédé d'un bref rappel par le jury des modalités du déroulement de l'épreuve puis le **minuteur,** qui permet de s'assurer du respect de la durée réglementaire de l'épreuve soit 15 minutes, est déclenché.

À noter que tout candidat dispose de la totalité du temps réglementaire et que l'entretien ne peut éventuellement être interrompu qu'à sa demande expresse. Le jury s'efforcera, le cas échéant, de « relancer » un candidat en difficulté et ne le laissera partir avant le terme de l'épreuve que contre une déclaration écrite de sa part indiquant qu'il renonce à utiliser la totalité du temps imparti.

Un jury

Le candidat peut, selon les autorités organisatrices qui en décident en fonction du nombre de candidats non éliminés après l'épreuve écrite, être entendu par un jury au minimum de trois personnes voire un jury plénier.

Le jury plénier comprend réglementairement trois collèges égaux (élus locaux, fonctionnaires territoriaux, personnalités qualifiées). Il peut se scinder en groupes d'examinateurs composés d'un nombre égal de représentant(s) de chacun des collèges. Un sous-jury peut par exemple être composé d'un adjoint au maire en charge du personnel, d'une directrice territoriale et d'un responsable des ressources humaines.

Le candidat doit bien mesurer la retenue que lui impose sa qualité de candidat face à un jury souverain : la familiarité, l'agressivité sont évidemment proscrites. Le jury, pour sa part, accueillera la plupart du temps les réponses du candidat avec une empathie qui ne préjuge en rien de la note qu'il attribuera.

Un découpage précis du temps et des points

Les jurys d'entretien conduisent, pour une session donnée, tous les entretiens de la même manière avec l'ensemble des candidats, sur la base d'une répartition unique du temps et des points alloués aux différents moments de l'entretien.

Le jury adopte une grille d'entretien conforme au libellé réglementaire de l'épreuve.

Le jury peut adopter la grille d'entretien suivante :

I – Exposé du candidat sur son expérience professionnelle : 5 minutes au plus.

II – Aptitude à exercer les missions : environ 7 minutes.

III – Connaissance de l'environnement professionnel : environ 3 minutes.

IV – Motivation : tout au long de l'entretien.

Un exposé du candidat sur son expérience professionnelle

Conformément au libellé réglementaire de l'épreuve, celle-ci a pour point de départ un exposé du candidat sur son expérience professionnelle. Cet exposé déterminera en partie les questions posées par le jury pendant la suite de l'entretien.

Le document retraçant le parcours professionnel du candidat

Les candidats doivent obligatoirement joindre ce document à leur dossier au moment de leur inscription en utilisant le formulaire qui leur est fourni. Les examinateurs en prennent connaissance avant l'entretien. Il est donc important que les candidats le renseignent de manière claire et précise : il n'est pas noté en tant que tel, mais donne aux examinateurs une première impression sur le candidat et les éclaire sur les questions à poser au terme de l'exposé du candidat sur son expérience professionnelle. Les candidats doivent y retracer l'intégralité de leur expérience, relevant le cas échéant du secteur privé comme du secteur public, et ne pas hésiter à mentionner précisément leur collectivité employeur : les examinateurs sont en effet particulièrement attentifs à ce que cette mention, nécessaire pour prendre l'exacte mesure des missions exercées, n'influence en aucune manière l'évaluation des prestations des candidats. Ceux-ci doivent en outre bien mesurer que ce document ne saurait les dispenser de présenter oralement leur parcours, ce qui impose qu'ils en aient en mémoire le contenu puisqu'ils ne peuvent utiliser aucun document pendant l'épreuve orale.

Le candidat dispose, sans être interrompu, de **5 minutes** pour présenter son **expérience professionnelle** sous forme d'un exposé.

Sera pénalisé l'exposé interrompu par le jury au terme des 5 minutes et demeuré de ce fait inachevé, tout comme un exposé excessivement court.

Le candidat n'est pas autorisé à utiliser de document (notes, CV...). Il lui faut donc non seulement préparer en amont mais aussi mémoriser cet exposé.

Le jury apprécie la cohérence de la présentation, la précision des informations fournies, la qualité de l'expression du candidat qui doit savoir mettre à profit ce temps qui lui appartient pour faire preuve de qualités d'analyse et de réflexion.

Lorsque le candidat ne parvient pas à livrer un exposé, le jury cherche à apprécier son expérience au moyen de questions mais pénalise inévitablement l'incapacité à exposer.

Au-delà d'une approche chronologique présentant ses différentes expériences, le candidat a tout intérêt à valoriser celles des compétences acquises dans ses précédentes activités qui peuvent être utiles dans l'exercice des missions d'un adjoint administratif territorial principal de 2e classe.

L'aptitude à exercer les missions

Des aptitudes évaluées à l'aune des missions du cadre d'emplois

Bien que l'épreuve ne comporte pas de programme réglementaire, le descriptif des missions du cadre d'emplois permet de délimiter assez facilement le champ des questions possibles.

Les missions du cadre d'emplois

Ces missions sont définies par le décret n°2006-1690 du 22 décembre 2006 modifié portant statut particulier du cadre d'emplois des adjoints administratifs territoriaux (extrait) :

« Les adjoints administratifs territoriaux sont chargés de tâches administratives d'exécution, qui supposent la connaissance et comportent l'application de règles administratives et comptables.

« Ils peuvent être chargés d'effectuer divers travaux de bureautique et être affectés à l'utilisation des matériels de télécommunication.

« Ils peuvent être chargés d'effectuer des enquêtes administratives et d'établir des rapports nécessaires à l'instruction de dossiers.

« Ils peuvent être chargés de placer les usagers d'emplacements publics, de calculer et de percevoir le montant des redevances exigibles de ces usagers.

« Lorsqu'ils relèvent des grades d'avancement, les adjoints administratifs territoriaux assurent plus particulièrement les fonctions d'accueil et les travaux de guichet, la correspondance administrative et les travaux de comptabilité.

« Ils peuvent participer à la mise en oeuvre de l'action de la collectivité dans les domaines économique, social, culturel et sportif.

« Ils peuvent être chargés de la constitution, de la mise à jour et de l'exploitation de la documentation ainsi que de travaux d'ordre.

« Ils peuvent centraliser les redevances exigibles des usagers et en assurer eux-mêmes la perception.

« Ils peuvent être chargés d'assurer la bonne utilisation des matériels de télécommunication.

« Ils peuvent être chargés du secrétariat de mairie dans une commune de moins de 2000 habitants.

« Ils peuvent se voir conter la coordination de l'activité d'adjoints administratifs territoriaux du premier grade. »

Le champ des questions possibles

En lien avec les missions du cadre d'emplois des adjoints administratifs territoriaux principaux de 2e classe les questions pourront notamment porter sur :

– l'accueil physique et/ou téléphonique : aptitude à s'organiser, prioriser, gérer son temps, gérer les conflits, communiquer, s'adapter aux attentes de publics diversifiés, prendre des initiatives, comprendre les attentes de la hiérarchie ;

– la gestion de documents : capacité à traiter les documents (enregistrement, priorisation, classement, archivage…), à les mettre en forme de manière pertinente ;

– l'organisation de réunions, gestion de l'emploi du temps et coordination d'équipe (notamment composée d'adjoints administratifs), travail en équipe.

– etc.

Exercer des missions d'adjoint administratif territorial principal de 2e classe suppose la connaissance de l'environnement professionnel et territorial. Les questions pourront notamment porter sur :
- la décentralisation ;
- l'intercommunalité ;
- le CCAS ;
- les modes de désignation et la durée des mandats des organes délibérants et exécutifs des collectivités territoriales ;
- les fonctions publiques ;
- les droits et obligations des fonctionnaires ;
- la préparation et le vote d'un budget local ;
- les recettes et les dépenses des collectivités territoriales ;
- les principales missions d'un service État civil ;
- des notions sur les activités des collectivités territoriales dans les domaines économique, social, culturel et sportif ;
- etc.

Motivation, posture professionnelle et potentiel appréciés tout au long de l'épreuve

Tout au long de l'entretien, le jury cherche à évaluer si le candidat est réellement motivé et prêt à exercer les missions confiées à un adjoint administratif principal de 2e classe, s'il a un intérêt pour le monde qui l'entoure, notamment pour l'évolution de l'administration territoriale, par exemple à travers des qualités de comportement telles que le dynamisme, la curiosité intellectuelle et l'ouverture d'esprit.

L'épreuve permet ainsi au candidat de faire la preuve de sa capacité à :

Être cohérent
- en veillant à ne pas dire une chose puis son contraire ;
- en sachant défendre ses idées et ne pas donner systématiquement raison à un contradicteur ;
- en sachant convenir d'une absurdité.

Gérer son stress
- en apportant des réponses sans précipitation excessive, sans hésitations préoccupantes ;
- en sachant garder, même s'il se trouve en difficulté sur une question, une confiance en lui suffisante pour la suite de l'entretien.

Communiquer
- en ayant réellement le souci d'être compris, grâce à une expression claire ;
- en s'exprimant à haute et intelligible voix ;
- en adoptant une élocution ni trop rapide, ni trop lente ;
- en s'adressant à l'ensemble du jury sans privilégier abusivement un seul interlocuteur.

Apprécier justement sa hiérarchie
- en adoptant un comportement adapté à sa « condition » de candidat face à un jury ;
- en sachant ne pas être péremptoire, excessivement sûr de soi ni contester les questions posées ;
- en sachant argumenter en cas de désaccord avec le jury.

Mettre en œuvre curiosité intellectuelle et esprit critique
- en manifestant un réel intérêt pour l'actualité ;
- en sachant opposer des arguments fondés à ceux du jury ;
- en sachant profiter d'une question pour valoriser des connaissances pertinentes.

Annexes

Annexe 1
Rapport du jury du concours

Rapport du président du jury

du concours d'adjoint administratif principal de 2e classe (session 2018) organisé par le Centre interdépartemental de gestion de la petite couronne de la région Île-de-France

Les principaux chiffres

Les sessions précédentes

2006	Postes avant transfert	Postes après transfert*	Inscrits	Présents aux deux épreuves	Absentéisme	Admissibles (seuil)	Ratio admissibles/ poste	Présents à l'oral (absentéisme)	Admis (seuil)
Externe	300	300	3308	1708	48,37%	466 (11,00)	1,56	410 (12,02%)	300 (10,94)
Interne	300	315	2250	1611	28,40%	517 (13,00)	1,72	496 (4,06%)	315 (12,48)
3e concours	100	85	192	137	28,65%	108 (10,05)	1,08	106 (1,85%)	85 (10,13)
Total	**700**	**700**	**5750**	**3456**	**39,90%**	**1091**	**1,56**	**1012 (7,24%)**	**700**

2008	Postes avant transfert	Postes après transfert*	Inscrits	Présents aux deux épreuves	Absentéisme	Admissibles (seuil)	Ratio admissibles/ poste	Présents à l'oral (absentéisme)	Admis (seuil)
Externe	330	333	1815	1089	39,89%	479 (9,50)	1,45	440 (8,14%)	333 (11,11)
Interne	320	409	1418	1064	24,69%	584 (9,00)	1,83	573 (1,88%)	409 (11,28)
3e concours	150	58	180	143	20,44%	78 (9,53)	0,52	77 (1,28%)	58 (11,22)
Total	**800**	**800**	**3413**	**2296**	**32,52%**	**1141**	**1,43**	**1090 (4,47%)**	**800**

* La réglementation rend possible des transferts de postes : lorsque le nombre des candidats ayant subi avec succès les épreuves de l'un des trois concours est inférieur au nombre de places offertes à ce concours, le jury peut modifier le nombre de places aux concours externe et/ou interne pour un poste au moins et dans la limite de 15 %. Le nombre maximum de postes transférables s'élève ainsi pour cette session 2018 à 21 postes.

2010	Postes avant transfert	Postes après transfert*	Inscrits	Présents aux deux épreuves	Absentéisme	Admissibles (seuil)	Ratio admissibles/ poste	Présents à l'oral (absentéisme)	Admis (seuil)
Externe	350	350	1 781	1 116	37,34 %	528 (9,50)	1,51	502 (4,92 %)	350 (11,46)
Interne	300	322	1 534	1 240	19,17 %	514 (11,50)	1,71	501 (2,53 %)	322 (12,91)
3e concours	100	78	168	123	26,79 %	84 (9,75)	0,56	84 (0 %)	78 (10,38)
Total	**750**	**750**	**3 483**	**2 479**	**28,83 %**	**1 126**	**1,50**	**1 087 (3,46 %)**	**750**

2012	Postes avant transfert	Postes après transfert*	Inscrits	Présents aux deux épreuves	Absentéisme	Admissibles (seuil)	Ratio admissibles/ poste	Présents à l'oral (absentéisme)	Admis (seuil)
Externe	120		1 447	907	37,32 %	193 (11,00)	1,61	187 (3,11 %)	125 (12,56)
Interne	120		1 372	1 075	21,65 %	193 (11,00)	1,61	190 (1,55 %)	135 (12,62)
3e concours	60		99	77	22,22 %	40 (10,50)	0,67	40 (0 %)	40 (10,35)
Total	**300**		**2 918**	**2 059**	**29,44 %**	**426**	**1,42**	**417 (2,11 %)**	**300**

2014	Postes avant transfert	Postes après transfert*	Inscrits	Présents aux deux épreuves	Absentéisme	Admissibles (seuil)	Ratio admissibles/ poste	Présents à l'oral (absentéisme)	Admis (seuil)
Externe	532	532	1 425	901	39,77 %	479 (9/20)	0,90	449 (6,26 %)	359 (10/20)
Interne	532	532	1 414	1 078	23,76 %	451 (9/20)	0,85	435 (3,55 %)	341 (10/20)
3e concours	267	167	122	90	26,23 %	65 (10/20)	0,24	64 (1,56 %)	57 (10/20)
Total	**1 331**	**1 331**	**2 961**	**2 069**	**30,12 %**	**995**	**0,75**	**948 (4,72 %)**	**757**

2016	Postes avant transfert	Postes après transfert*	Inscrits	Présents aux deux épreuves	Absentéisme	Admissibles (seuil)	Ratio admissibles/ poste	Présents à l'oral (absentéisme)	Admis (seuil)
Externe	40	40	1 341	733	45,34 %	110 (14,50/20)	2,75	101 (8,18 %)	40 (15,63/20)
Interne	40	45	1 168	758	35,10 %	111 (14,50/20)	2,78	108 (2,70 %)	45 (15,40/20)
3e concours	20	15	70	55	21,43 %	30 (10/20)	1,50	29 (3,33 %)	15 (12,11/20)
Total	**100**	**100**	**2 579**	**1 546**	**40,05 %**	**251**	**2,51**	**238 (5,18 %)**	**100**

La session 2018

2018	Postes avant transfert	Postes après transfert*	Inscrits	Présents aux deux épreuves	Absentéisme	Admissibles (seuil)	Ratio admissibles/ poste	Présents à l'oral (absentéisme)	Admis (seuil)
Externe	54	55	1 072	607	43,38 %	103 (13,50/20)	1,91	96 (6,80 %)	55 (14,56/20)
Interne	54	60	881	605	31,33 %	124 (13,50/20)	2,30	116 (6,45 %)	60 (14,10/20)
3e concours	27	20	95	79	16,84 %	40 (11,69/20)	1,48	40 (0,00 %)	20 (13,93/20)
Total	**135**	**135**	**2 048**	**1 291**	**36,96 %**	**267**	**1,98**	**252 (5,62 %)**	**135**

* La réglementation rend possible des transferts de postes : lorsque le nombre des candidats ayant subi avec succès les épreuves de l'un des trois concours est inférieur au nombre de places offertes à ce concours, le jury peut modifier le nombre de places aux concours externe et/ou interne pour un poste au moins et dans la limite de 15 %. Le nombre maximum de postes transférables s'élève ainsi pour cette session 2018 à 21 postes.

Pour la première fois, les concours d'adjoint administratif principal de 2e classe ont fait l'objet d'une mutualisation au sein de la région Île-de-France. Compte tenu des postes déclarés par les collectivités et du nombre de lauréats encore valablement inscrits sur la liste d'aptitude régionale, les trois centres de gestion franciliens ont pris la décision de mettre en place une co-organisation avec partage égal des postes.

La session 2018 des concours d'adjoint administratif principal de 2e classe a donc fait l'objet d'une ouverture concertée par les deux centres interdépartementaux, chacun ouvrant 135 postes.

La très forte baisse du nombre de candidats observée depuis 2006 s'est poursuivie, puisque la session 2018 des concours comptait 2 048 inscrits.

Le nombre de postes ouverts aux concours chute aussi fortement, passant à 135 en 2018. Les collectivités territoriales et leurs établissements paraissent en effet privilégier l'examen professionnel comme moyen de nommer à ce grade des agents déjà en poste.

Le faible nombre de postes ouverts entraîne bien entendu une augmentation de la sélectivité des concours, notamment sur le concours interne (11,20 candidats présents pour un poste) et sur le concours externe (11,24 candidats présents pour un poste).

La proportion de candidats domiciliés hors région Île-de-France est constante : 12,20 %.

Certains centres de gestion, prenant acte du fait que les collectivités ont massivement recours au recrutement direct en catégorie C, ont en effet choisi de n'organiser que les examens professionnels d'avancement de grade, les concours d'accès au 2e grade n'étant quant à eux plus organisés.

La proportion de candidatures masculines demeure faible et stable, elle s'établit à hauteur de 12,10 %.

Si 12,22 % des candidats au concours externe ne justifient que d'un niveau V, niveau de diplôme requis pour se présenter à ce concours :

- 36,38 % déclarent un diplôme de niveau IV (baccalauréat) ;
- 22,20 % de niveau III (bac + 2) ;
- 18,98 % de niveau II (bac + 3) ;
- et 4,85 % de niveau I (au moins bac + 5).

On observe enfin sur les trois concours que 15,70 % des candidats ont suivi une formation dispensée par le CNFPT contre 65,90 % des inscrits qui se sont préparés personnellement.

Les résultats

Les deux épreuves écrites sont affectées au total d'un coefficient 6 (3 plus 3).

Les deux épreuves d'admission, l'épreuve pratique de bureautique (coefficient 1) et l'épreuve orale d'entretien (coefficient 3), «pèsent» d'un coefficient 4.

Comme lors de la précédente session, les sujets des épreuves écrites des trois concours étaient identiques.

Les épreuves d'admissibilité

Des indicateurs de niveau

• La moyenne par épreuve

Concours externe :

– le niveau des candidats est plus faible en tableau numérique qu'en français ;
– la moyenne des notes en tableau numérique baisse légèrement, passant de 9,11/20 en 2016 à 8,23/20 en 2018 ;
– elle augmente très légèrement en français (9,98 en 2016 contre 10,60 en 2018).

Concours interne :

– comme lors de la session précédente, le tableau numérique est moins réussi (8,54/20) que le français (10,92/20) ;
– sur cette voie de concours aussi, on observe une forte baisse en tableau numérique (9,14 en 2016) ;
– la moyenne obtenue par les candidats en français est légèrement supérieure à celle de la session précédente (9,72 en 2016).

3e concours :

– c'est sur cette voie que les candidats obtiennent les meilleurs résultats : 11,51 en tableau numérique, 11,16 en français ;
– le niveau est même en hausse aux deux épreuves : les candidats de la session 2016 obtenaient 10,30 en tableau numérique et 9,40 en français.

Récapitulatif de la moyenne des notes :

– concours externe : tableau numérique = 8,23/20, français= 10,60/20 ;
– concours interne : tableau numérique = 8,54/20, français= 10,92/20 ;
– 3e concours= tableau numérique = 11,51/20, français= 11,16/20.

• Le nombre de notes égales ou supérieures à 10,00

Tableau numérique : les résultats confirment la forte baisse du niveau des externes et des internes :

– externes : 212 candidats seulement sur 618 (34,30 %) obtiennent 10,00 ou plus (ils étaient 46,63 % en 2016) ;
– internes : 222 candidats sur 610 (36,39 %) obtiennent 10,00 ou plus (ils étaient 44,62 % en 2016) ;
– pour le 3e concours, 46 candidats sur 79 (58,23 %) obtiennent 10,00 ou plus (50,91 % en 2016).

Français :

– externes : 358 candidats sur 607 (58,98 %) obtiennent 10,00 ou plus (51,57 % en 2016) :
– internes : 389 candidats sur 605 (64,30 %) obtiennent 10,00 ou plus (49,80 % en 2016) ;
– 3e concours : 51 candidats sur 79 (64,56 %) obtiennent 10,00 ou plus (47,27 % en 2016).

• Le nombre de notes éliminatoires

Le tableau numérique élimine plus de candidats qu'en 2016 sur les concours externe et interne :

– externes : 192 candidats sur 618 (31,07 %) obtiennent moins de 5,00 (30,59 % en 2016) ;
– internes : 196 candidats sur 610 (32,13 %) obtiennent moins de 5,00 (31,41 % en 2016) ;
– 3e concours : 9 candidats sur 79 (11,39 %) obtiennent moins de 5,00 (20 % en 2016).

Le français s'avère, pour les trois voies de concours, beaucoup moins éliminatoire qu'à la session précédente :

– externes : 39 candidats sur 607 (6,43 %) obtiennent moins de 5,00 (11,73 % en 2016) ;
– internes : 28 candidats sur 605 (4,63 %) obtiennent moins de 5,00 (10,67 % en 2016) ;
– 3e concours : 2 candidats sur 79 (2,53 %) obtiennent moins de 5,00 (7,27 % en 2016).

Les signes distinctifs

Avant de prononcer l'admissibilité des candidats, le jury statue sur les cas de signes distinctifs de nature à constituer une rupture de l'anonymat des copies signalés par les correcteurs.

Concernant les signes distinctifs, l'attention des candidats est attirée à plusieurs reprises :

– dans le règlement général des concours dont le candidat atteste avoir pris connaissance au moment de son inscription ;

– dans les consignes données oralement par la direction des concours, au démarrage de l'épreuve et au moment de la distribution des sujets ;
– sur la première page du sujet.

Sont notamment présentés comme pouvant constituer des signes distinctifs :
– l'utilisation d'un stylo d'une autre couleur que le noir ou le bleu ;
– l'utilisation de deux couleurs dans la même copie ;
– l'utilisation d'un surligneur ;
– l'utilisation d'un crayon à papier ;
– la présence dans la copie du nom du candidat, d'un nom fictif, d'une signature ou d'un paraphe fictif.

Le jury examine les cas suivants :
– présence dans une copie de français, de plusieurs noms de villes qui ne figurent pas dans le sujet (Rueil-Malmaison, Buzenval, Paris, Tokyo) ;
– numéros des questions soulignés en vert et mots mal orthographiés soulignés en noir dans une copie de français ;
– candidat qui, pour l'épreuve de tableau numérique, a présenté ses réponses sous la forme de deux tableaux réalisés hors de la feuille quadrillée (consigne : un seul tableau à présenter sur la feuille quadrillée) ;
– tableaux ou parties de tableaux tracés au crayon à papier.

Après en avoir délibéré, le jury décide d'annuler la copie de ces candidats.

Le jury tient à nouveau à attirer l'attention des candidats sur l'impérieuse nécessité de respecter très strictement les instructions concernant l'anonymat consignées dans le règlement général des concours (consultable sur le site *www.cig929394.fr*) ou portées sur les sujets eux-mêmes : aucun nom de collectivité ni nom patronymique réels ou fictifs autres que ceux figurant dans le sujet, aucune signature ou paraphe, aucune encre d'une autre couleur que le bleu ou le noir ne doit être utilisée sous peine d'annulation de la copie en cause.

Les seuils d'admissibilité

Le jury examine plusieurs hypothèses de seuil, établies tant en fonction du niveau des candidats qu'en référence au ratio de 1,5 candidat admissible pour un poste, ratio fréquemment mis en œuvre par les jurys dans la mesure où il permet généralement de pourvoir les postes en garantissant un bon niveau de recrutement.

Le jury prend également en compte le fait que 21 postes (15 % de 135) sont théoriquement transférables lors de la phase d'admission vers le concours interne et/ou le concours externe.

Le jury, compte tenu du nombre de postes ouverts et du niveau des candidats, décide de fixer à 11,69 le seuil d'admissibilité au troisième concours, soit 40 candidats admissibles pour 27 postes.

Le jury, compte tenu du niveau des candidats, et des possibilités de transfert de postes qui interviendront lors de l'admission, décide de fixer à 13,50 le seuil d'admissibilité pour le concours externe, rendant ainsi admissibles 103 candidats pour 54 postes.

Enfin, le jury décide également de fixer à 13,50 le seuil d'admissibilité du concours interne, rendant également admissibles 124 candidats pour 54 postes.

Les épreuves obligatoires d'admission

L'épreuve orale d'entretien

On observe, en interne et en externe, une légère baisse du niveau des candidats à cette épreuve au regard de la session précédente. Les candidats du 3e concours, quant à eux, réussissent mieux qu'en 2016.

Concours externe :
– 96 des 103 candidats admissibles se sont présentés à l'épreuve d'entretien (absentéisme de 6,80 %) ;
– la note moyenne s'élève à 12,67/20 (13,25 en 2016) ;
– 73 candidats (76,04 % des présents) obtiennent 10,00 ou plus (74 % en 2016).

Concours interne :
– 116 des 124 admissibles se sont présentés à l'épreuve d'entretien (absentéisme de 6,45 %) ;

– les candidats obtiennent une note moyenne de 12,75 (à titre de comparaison, 13,73/20 en 2016) ;
– 85 candidats (73,28 % des présents) obtiennent 10,00 ou plus (84,24 % en 2016).

3e concours :
– les 40 candidats admissibles se sont tous présentés à l'épreuve d'entretien ;
– la moyenne est de 12,53 (11,78 en 2016) ;
– 26 candidats (65 % des présents) ont 10,00 ou plus (65,51 % en 2016).

L'épreuve pratique de bureautique

Les résultats de l'épreuve de bureautique s'établissent ainsi :

Concours	Présents	Moyenne	Note la plus haute	Note la plus basse	Nombre de notes > ou = 10	Nombre de notes éliminatoires
Externe	96	13,93/20	20,00	2,50	76	4
Interne	117	12,21/20	20,00	2,50	75	9
3e concours	40	11,84/20	20,00	3,50	26	4

Par rapport à la session précédente, et au regard de la moyenne générale, le niveau des candidats est en légère hausse au concours externe et au 3e concours, et en très légère baisse au concours interne.

Les épreuves facultatives

Les candidats peuvent subir une épreuve facultative parmi deux proposées. Les points excédant la note de 10, affectés d'un coefficient 1, s'ajoutent au total des points pour l'admission.

71 des 103 candidats admissibles au concours externe (68,93 %) ont choisi de subir une épreuve facultative, 64 seulement se sont présentés à l'épreuve.

57 des 124 admissibles au concours interne (45,97 %) ont choisi une épreuve facultative, seuls 4 ne s'y sont pas présentés.

29 des 40 admissibles au troisième concours (72,50 %) ont également fait ce choix (1 absent).

Au total, 157 des 267 admissibles se sont inscrits à l'épreuve facultative (58,80 %), et 145 (92,36 %) s'y sont présentés.

L'épreuve écrite de langue

L'épreuve écrite facultative de langue étrangère consiste en la traduction sans dictionnaire d'un texte rédigé dans l'une des langues suivantes au choix du candidat : allemand, anglais, espagnol, italien, russe, arabe moderne, portugais, néerlandais, grec (durée : 1 heure).

124 candidats ont choisi l'épreuve facultative de langue.

La langue la plus choisie par les candidats est l'anglais.

L'épreuve orale spécialisée

L'épreuve orale consiste en une interrogation d'une durée de 15 minutes, après une préparation de 15 minutes, portant sur le domaine choisi par le candidat au moment de son inscription parmi les trois suivants :
– notions générales de droit public ;
– notions générales de droit de la famille ;
– notions générales de finances publiques.

Trente-trois candidats ont choisi l'épreuve orale juridique.

L'option la plus choisie par les candidats est le droit de la famille (14 candidats), suivie du droit public (12 candidats), puis des finances publiques (7 candidats).

Au total, 96 des 145 candidats présents à l'une ou à l'autre des épreuves facultatives, soit 66,21 % des présents, obtiennent une note supérieure à 10/20, ce qui leur permet de récupérer entre 0,50 (pour ceux qui ont obtenu la note de 10,50/20) et 9,50 points (pour ceux qui ont obtenu la note de 19,50/20).

Ces points excédant la note de 10/20 s'ajoutent pour l'admission au total des points obtenus.

L'admission des candidats

Les seuils d'admission

Rappelons qu'en fonction des résultats des candidats, le jury peut souverainement transférer des postes vers les concours externe et interne, dans la limite maximale de 15 % des 135 postes ouverts aux trois concours, soit 21 postes.

Le jury souhaite que les seuils d'admission aux différents concours soient les plus proches possible, compte tenu du caractère identique des épreuves dans les trois voies.

Le jury se prononce d'abord sur l'admission des candidats au 3e concours, ouvert pour 27 postes.

Le seuil d'admission est fixé à 13,93, moyenne obtenue par 20 candidats, qui sont déclarés admis.

7 postes sont donc transférables vers le concours externe ou le concours interne.

Le jury décide du principe du transfert de ces 7 postes.

Le jury se prononce ensuite sur l'admission des candidats des concours interne et externe, ouverts tous les deux pour 54 postes.

Considérant le niveau des candidats, le jury décide de transférer 6 postes vers le concours interne et 1 poste vers le concours externe afin de rapprocher au maximum les seuils d'admission de ces deux concours :
- concours externe : seuil = 14,56, admis = 55 ;
- concours interne : seuil = 14,10, admis = 60.

Le jury constate avec satisfaction que ce transfert permet de pourvoir tous les postes ouverts aux concours.

Le profil des candidats admis

L'origine géographique

L'origine géographique est déterminée par le domicile du candidat.

- Concours externe :
  - Île-de-France : inscrits = 873 (81,44 %), admissibles = 79 (76,70 %), admis = 70 (72,73 %) ;
  - hors Île-de-France : inscrits = 199 (18,56 %), admissibles = 24 (23,30 %), admis = 15 (27,27 %).
- Concours interne :
  - Île-de-France : inscrits = 772 (87,63 %), admissibles = 106 (85,48 %), admis = 48 (80,00 %) ;
  - hors Île-de-France : inscrits = 109 (12,37 %), admissibles = 18 (14,52 %), admis = 12 (20,00 %).
- 3e concours :
  - Île-de-France : inscrits = 71 (74,74 %), admissibles = 29 (72,50 %), admis = 12 (60,00 %) ;
  - hors Île-de-France : inscrits = 24 (25,26 %), admissibles = 11 (27,50 %), admis = 8 (40,00 %).

On observe, sur les trois voies de concours, et de manière particulièrement marquée sur le 3e concours, une sur-admissibilité et une sur-admission des candidats domiciliés hors Île-de-France par rapport aux candidats franciliens.

La formation initiale

Concours externe

Niveau de diplôme	Inscrits	Admissibles	Admis	Taux d'admission
V (BEP, CAP, brevet)	131	8	4	3,05%
IV (bac)	390	28	13	3,33%
III (bac + 2)	238	25	15	6,30%
II (bac + 3 ou bac + 4)	203	28	14	6,90%
I (au moins bac + 5)	52	13	8	15,38%
Équivalence de diplôme	10	0	0	0,00%
Pères et mères d'au moins trois enfants	48	1	1	2,08%
Total	**1 072**	**103**	**55**	**5,13%**

On constate que les taux d'admission au concours externe s'élèvent avec le niveau de diplôme : alors que seulement 3,05 % des candidats inscrits déclarant un diplôme de niveau V sont admis, ce taux atteint 3,33 % chez les bacheliers, 6,30 % chez les titulaires d'un diplôme de niveau III, 6,90 % chez ceux de niveau II, 15,38 % chez ceux de niveau I. Le phénomène du « surdiplôme » est ainsi avéré : les chances de réussite des candidats disposant d'un diplôme strictement du niveau requis sont affectées par les résultats des candidats davantage diplômés. Si l'on peut déplorer cette réalité, elle s'avère inévitable.

Concours interne

Niveau de diplôme	Inscrits	Admissibles	Admis	Taux d'admission
V (BEP, CAP, brevet)	238	26	4	1,68 %
IV (bac)	339	46	21	6,19 %
III (bac + 2)	149	26	18	12,08 %
II (bac + 3 ou bac + 4)	82	17	12	14,63 %
I (au moins bac + 5)	15	3	3	20,00 %
Sans diplôme	58	6	2	3,45 %
Total	**881**	**124**	**60**	**6,81 %**

On observe également au concours interne que plus le niveau d'étude est élevé, plus le taux d'admission l'est : 1,68 % des candidats titulaires d'un diplôme de niveau V sont admis, 6,19 % des bacheliers, 12,08 % des diplômés de niveau III, 14,63 % de niveau II, et 20,00 % de niveau I.

3e concours

Niveau de diplôme	Inscrits	Admissibles	Admis	Taux d'admission
V (BEP, CAP, brevet)	18	4	1	5,55 %
IV (bac)	31	13	3	9,68 %
III (bac + 2)	25	14	11	44,00 %
II (bac + 3 ou bac + 4)	11	7	4	36,36 %
I (au moins bac + 5)	3	1	1	33,33 %
Sans diplôme	7	1	0	0,00 %
Total	**95**	**40**	**20**	**21,05 %**

La même réalité d'un taux d'admission croissant avec le niveau de diplôme est ici moins évidente, avec des taux respectifs de 5,55 % (niveau V), 9,68 % (niveau IV), 44,00 % (niveau III), 36,36 % (niveau II), et 33,33 % (niveau I).

La préparation du concours

Les résultats en fonction de la préparation des candidats s'établissent comme suit, étant précisé que le mode de préparation est simplement déclaratif, les candidats n'ayant pas l'obligation de le déclarer, et celui-ci ne faisant l'objet d'aucune vérification par le Centre interdépartemental de gestion de la petite couronne.

Concours externe

	Inscrits	Admissibles	Admis	Taux d'admission
CNFPT	60	15	11	18,33 %
Cned	22	6	4	18,18 %
Ipag	2	1	1	50 %
Autre	103	7	3	2,91 %
Aucune	106	6	4	3,77 %
Formation personnelle	779	68	32	4,11 %
Total	**1 072**	**103**	**55**	**5,13 %**

Concours interne

	Inscrits	Admissibles	Admis	Taux d'admission
CNFPT	228	63	26	11,40%
Cned	6	0	0	0,00%
Ipag	0	0	0	0,00%
Autre	21	0	0	0,00%
Aucune	106	9	3	2,83%
Formation personnelle	520	52	31	5,96%
Total	**881**	**124**	**60**	**6,81%**

3e concours

	Inscrits	Admissibles	Admis	Taux d'admission
CNFPT	34	22	12	35,59%
Cned	0	0	0	0,00%
Ipag	1	0	0	0,00%
Autre	2	1	0	0,00%
Aucune	7	3	2	28,57%
Formation personnelle	51	14	6	11,76%
Total	**95**	**40**	**20**	**21,05%**

On peut souligner le bon taux de réussite des candidats préparés par le CNFPT : aux trois concours, sur les 322 candidats inscrits ayant déclaré une formation de préparation au concours assurée par cet établissement, 100 (31,05%) sont admissibles et 49 (15,22%) admis.

On observe également le faible taux d'admission des 219 inscrits se déclarant sans préparation : 9 seulement (4,11%) sont admis.

Sur les 1 350 candidats inscrits déclarant une préparation personnelle, 69 (5,11%) seulement sont admis.

Niveau des épreuves et conseils aux candidats

Comme nous l'avons évoqué plus haut, en région Île-de-France, seuls les deux centres interdépartementaux de gestion (CIG de la grande couronne et CIG de la petite couronne) ont organisé les concours aux mêmes dates et heures, en se répartissant équitablement les postes.

Afin tant d'assurer le même niveau de recrutement sur l'ensemble de ce territoire que de réduire les coûts de conception des sujets, ces deux centres de gestion ont adopté les mêmes cadrages des épreuves et retenu les mêmes sujets.

Comme lors de la précédente session, les candidats des trois voies de concours ont composé sur les mêmes sujets pour les deux épreuves écrites.

Cette organisation, outre la réduction des coûts d'organisation, garantit un même niveau d'exigence.

Le tableau numérique

Le jury constate que cette épreuve est adaptée au niveau du concours. Sa durée semble cependant trop courte. Les difficultés traditionnellement rencontrées par les candidats sur cette épreuve sont ainsi souvent source d'un profond découragement.

Le sujet de la session 2018 traitait de l'évolution du nombre d'apprentis dans une région entre 2015 et 2016. Intéressant et concret, doté d'une commande claire et bien posée, il présentait cependant un calcul un peu compliqué qui a pu déstabiliser certains candidats.

Les attendus de l'épreuve sont compris, mais certains candidats ont effectué une lecture trop rapide du sujet.

Les calculs simples sont globalement acquis. Les correcteurs font néanmoins observer qu'une mauvaise maîtrise des partages proportionnels, des pourcentages et des règles d'arrondis pénalise souvent les candidats.

Le jury conseille aux candidats de s'entraîner à la méthodologie spécifique du tableau numérique. Il convient de prendre le temps de bien lire le sujet et de respecter la commande.

Les candidats sont invités à faire systématiquement les totaux par colonnes pour vérifier les calculs, à réviser les règles des arrondis.

Enfin, la forme du tableau ne doit surtout pas être négligée.

L'épreuve de français

Le sujet portait sur un article paru en septembre 2017 dans *Localtis*, relatif à la création de la métropole de Saint-Étienne.

Les questions de compréhension étaient notées sur 12 points, et les questions de vocabulaire, orthographe et grammaire sur 8 points.

Le sujet était abordable et correspondait aux attentes du jury. Il présentait en effet un lien réel avec l'actualité des collectivités territoriales. Certaines questions étaient peut-être un peu difficiles, notamment celles concernant les synonymes et les antonymes.

Si le texte a été globalement bien compris et bien analysé, le jury souligne que nombre de candidats rédigent insuffisamment les réponses aux questions en abusant du style télégraphique.

En outre, les questions portant sur la compréhension du texte donnent souvent lieu à des réponses exclusivement constituées d'expressions « copiées-collées » du texte sans effort suffisant de reformulation.

Enfin, un soin insuffisant porté tant à l'orthographe qu'à la présentation pénalise de nombreuses copies. D'importantes lacunes en français sont malheureusement parfois constatées.

Le jury conseille aux candidats :
- de travailler la grammaire et la syntaxe ;
- d'enrichir leur vocabulaire ;
- de lire ;
- de s'entraîner régulièrement à rédiger ;
- de prendre le temps de bien lire les consignes ;
- de mieux organiser les réponses ;
- de tenir compte du barème pour déterminer la longueur des réponses aux questions.

Les épreuves obligatoires d'admission

L'épreuve orale d'entretien

Afin d'assurer un égal traitement de l'ensemble des candidats, le jury a adopté la grille d'entretien suivante :

I. Aptitude à exercer les missions	**10 minutes**	**12 points**
1) Appréciation de l'expérience professionnelle (interne et 3e concours), motivation pour le cadre d'emplois (externe)		**/3 points** 2 questions
2) Connaissance des missions		**/4 points** 2 questions
3) Mises en situation professionnelle : – accueil physique et/ou téléphonique ; – gestion de documents ; – organisation de réunion, gestion d'emplois du temps, coordination d'équipe, travail en équipe.		**/5 points** Au moins 2 mises en situation
II. Connaissance de l'environnement professionnel La fonction publique territoriale de manière générale	**5 minutes**	**6 points** 3 questions
III. Dynamisme/capacité à communiquer/gestion du stress	**Tout au long de l'entretien**	**2 points**

Le jury estime que ce découpage du temps et des points est tout à fait pertinent, tout en faisant observer qu'un temps de présentation du candidat permettrait de mieux orienter les questions posées.

Les bons candidats ont fait preuve d'un réel dynamisme et su valoriser leur expérience professionnelle.

Le jury souligne à nouveau l'insuffisance des connaissances de l'environnement professionnel. Le vocabulaire professionnel n'est que trop rarement maîtrisé.

Certains candidats ont eu du mal à gérer leur stress, beaucoup manquent de curiosité.

Le jury conseille aux candidats :

- de mieux préparer cette épreuve en faisant des simulations d'entretien ;
- de renforcer leurs connaissances de la fonction publique territoriale ;
- de prendre connaissance au préalable du cadrage de l'épreuve (absence d'exposé introductif).

L'épreuve pratique de bureautique

Le jury juge adaptée la conception de l'épreuve qui comporte systématiquement pour chaque candidat trois exercices : traitement de texte, tableur, utilisation d'une messagerie ou accès à internet, et souligne qu'il convient de continuer à tendre vers un égal degré de difficulté des différents sujets.

Les candidats connaissent les fonctions de base de Word et Excel, ils sont à l'aise dans les recherches effectuées sur internet.

En revanche, les manipulations avancées ou complexes ne sont souvent pas connues, de même que les raccourcis. Les candidats ont du mal à gérer leur temps.

Les épreuves facultatives

L'épreuve écrite de langue

Les candidats font preuve d'une bonne compréhension globale des textes proposés. Beaucoup de maladresses d'expression ont cependant été relevées dans les traductions (faux sens, fautes de conjugaison…).

Les oraux spécialisés

Quelques candidats maîtrisent le programme, mais de nombreuses notions fondamentales ne sont pas connues dans l'ensemble, notamment en droit public.

Le jury conclut ses travaux en remerciant le centre de gestion d'avoir mené de bonne façon l'ensemble des opérations de cette session 2018 des concours d'accès au grade d'adjoint administratif principal de 2e classe.

Il adresse ses plus vives félicitations aux lauréats et ses encouragements aux candidats malheureux.

Fait à Pantin, le 10 juillet 2018

Le président du jury

Stéphane Voisin
Responsable du service Action sociale et loisirs
au Conseil départemental du Val-de-Marne

Annexe 2
Rapport du jury de l'examen

Extrait du rapport de la présidente du jury

de l'examen professionnel d'avancement de grade d'adjoint administratif principal de 2e classe (session 2017) organisé par le Centre interdépartemental de gestion de la grande couronne de la région Île-de-France

Cette session est organisée par le CIG de la grande couronne en convention avec le CIG de la petite couronne et le centre de gestion de la Seine-et-Marne.

L'examen professionnel d'adjoint administratif territorial de 1re classe, nouvelle appellation (PPCR au 1er janvier 2017) adjoint administratif territorial principal de 2e classe, est programmé tous les deux ans en alternance avec le concours du même grade.

Les fonctions d'un adjoint administratif territorial principal de 2e classe

Les adjoints administratifs territoriaux sont chargés de tâches administratives d'exécution, qui supposent la connaissance et comportent l'application de règles administratives et comptables.

Ils peuvent être chargés d'effectuer divers travaux de bureautique et être affectés à l'utilisation des matériels de télécommunication.

Ils peuvent être chargés d'effectuer des enquêtes administratives et d'établir des rapports nécessaires à l'instruction de dossiers.

Ils peuvent être chargés de placer les usagers d'emplacements publics, de calculer et de percevoir le montant des redevances exigibles de ces usagers.

Lorsqu'ils relèvent des grades d'avancement, les adjoints administratifs territoriaux assurent plus particulièrement les fonctions d'accueil et les travaux de guichet, la correspondance administrative et les travaux de comptabilité.

Ils peuvent participer à la mise en œuvre de l'action de la collectivité dans les domaines économique, social, culturel et sportif.

Ils peuvent être chargés de la constitution, de la mise à jour et de l'exploitation de la documentation ainsi que de travaux d'ordre.

Ils peuvent centraliser les redevances exigibles des usagers et en assurer eux-mêmes la perception.

Ils peuvent être chargés d'assurer la bonne utilisation des matériels de télécommunication.

Ils peuvent être chargés du secrétariat de mairie dans une commune de moins de 2 000 habitants.

Ils peuvent se voir confier la coordination de l'activité d'adjoints administratifs territoriaux du premier grade.

Les conditions d'accès

Dispositions antérieures au PPCR (parcours professionnel, carrière et rémunération) : l'examen professionnel est ouvert aux adjoints administratifs territoriaux de 2e classe ayant atteint le 4e échelon et comptant au moins trois ans de services effectifs dans leur grade.

Les candidats aux examens professionnels doivent également justifier qu'ils sont en activité à la date de clôture des inscriptions (article 8 alinéa 2 du décret n° 2013-593 du 5 juillet 2013 modifié) soit, pour cette session, le 17 novembre 2016.

L'article 16 du décret n° 2013-593 du 5 juillet 2013 modifié permet au candidat de passer l'examen un an avant de remplir les conditions d'inscription sur le tableau annuel d'avancement.

Les principales données de la session précédente

La session 2015 a été organisée par le Centre de gestion de la Seine-et-Marne dans le cadre de la convention région Île-de-France.

Inscrits Taux de présence Taux d'absentéisme	**1715** 92,25 % 7,75 %
Écrit Présents	 1 582
Nombre et pourcentage des candidats éliminés (ayant une note à l'épreuve orale inférieure à 5 sur 20)	123 7,77 %
Oral Candidats autorisés à passer l'épreuve orale et : – convoqués – présents	 1 459 1 400
Admis Seuil d'admission Taux de réussite (lauréats/présents à l'ensemble des épreuves)	**858** 10/20 61,29 %

Les données de la session 2017

La période d'inscription a été fixée du 4 octobre 2016 au 17 novembre 2016 ; les inscriptions en ligne étaient possibles jusqu'au 9 novembre 2016.

Après vérification, 21 dossiers ont été annulés et 1 294 candidats ont été admis à concourir.

Parmi les inscrits, 20 candidats sont reconnus travailleurs handicapés par la CDAPH.

Profil des candidats inscrits à la session 2017

Le nombre de candidats inscrits a diminué par rapport à la session précédente, 1 294 candidats sont admis à concourir.

Sur les 1 294 candidats, 8,57 % sont des hommes et 91,43 % des femmes.

Cette année, seulement 3,71 % des candidats sont domiciliés hors Île-de-France : cette faible proportion est dans la logique de l'organisation conventionnée sur le territoire de l'Île-de-France. Les 96,29 % restants viennent de la région Île de France et sont répartis comme suit : 40,54 % du territoire de la grande couronne (départements 78, 91, 95), 41,08 % du territoire de la petite couronne (départements 92, 93, 94), et 14,67 % du département de la Seine-et-Marne.

Pour la session 2017, les candidats se situent majoritairement (37,28%) dans la tranche d'âge des 30 à 40 ans, suivis des 40 à 50 ans (36,20 %) puis des plus de 50 ans (15,55 %). Les 10,97 % restants représentent les plus jeunes : 20 à 30 ans.

10,81 % des inscrits déclarent n'avoir suivi aucune préparation à l'examen professionnel, 63,24 % indiquent une préparation personnelle, 23,32 % des candidats confirment avoir bénéficié d'une préparation assurée par le Centre national de la fonction publique territoriale et 2,63 % indiquent avoir suivi une formation auprès d'autres organismes.

Enfin, 29,57 % des candidats déclarent détenir un diplôme de niveau V (BEP, CAP…), 40 % être titulaires d'un diplôme de niveau IV (baccalauréat), 26,42 % d'un diplôme supérieur au baccalauréat et 4,01 % des candidats affirment ne détenir aucun diplôme.

L'épreuve écrite

Elle s'est déroulée le mardi 14 mars 2017 dans les locaux de Centrex à Noisy-le-Grand (93).

Nature de l'épreuve écrite

L'épreuve écrite à caractère professionnel portant sur les missions incombant aux membres du cadre d'emplois consiste, à partir de documents succincts remis au candidat, en trois à cinq questions appelant des réponses brèves ou sous forme de tableaux et destinées à vérifier les capacités de compréhension du candidat et son aptitude à retranscrire les idées principales des documents (durée : 1 h 30 ; coefficient 2).

Nombre de candidats autorisés à concourir : 1 294.

Nombre de candidats présents à l'épreuve écrite : 1 133.

Taux de présence : 87,56 %.

Nombre de candidats absents à l'épreuve écrite : 161.

Taux d'absence : 12,44 %.

Sur 20 candidats reconnus travailleurs handicapés par la CDAPH, 15 se sont présentés à l'écrit et ils ont bénéficié d'un tiers temps supplémentaire sur l'épreuve écrite, soit une demi-heure de plus (épreuve de deux heures au lieu de 1 heure 30).

Profil des candidats présents

Sur les 1 133 candidats présents, 91,88 % sont des femmes et 8,12 % des hommes.

Les candidats présents se situent pour la grande majorité dans la tranche d'âge des 30 à 40 ans (38,48 %), suivis des 40 à 50 ans (35,30 %), puis des plus de 50 ans (15,62 %). 10,60 % des candidats sont âgés de 20 à 30 ans.

26,84 % des candidats présents déclarent détenir un diplôme supérieur au baccalauréat, 40,51 % se déclarent majoritairement titulaires d'un diplôme de niveau IV (baccalauréat) et seulement 28,77 % font état d'un diplôme de niveau V (BEP, CAP…). 3,88 % des candidats affirment ne détenir aucun diplôme.

3,44 % des présents sont domiciliés hors région Île-de-France. Les 96,56 % restants viennent de la région Île-de-France (40,16 % de la grande couronne, 41,48 % de la petite couronne et 14,92 % de la Seine-et-Marne).

10,68 % des présents déclarent n'avoir suivi aucune préparation à l'examen professionnel, 62,22 % indiquent une préparation personnelle, 24,45 % des candidats confirment avoir bénéficié d'une préparation assurée par le Centre national de la fonction publique territoriale et 2,65 % indiquent avoir suivi une formation auprès d'autres organismes.

Les résultats de l'épreuve écrite

Nombre de candidats autorisés à concourir : 1 294.

Nombre de présents à l'épreuve écrite : 1 133.

Note la plus basse sur 20 : 0.

Note la plus haute sur 20 : 19.

Nombre de notes inférieures à 5/20 (5,38 %).

Moyenne des notes de l'épreuve écrite sur 20 : 10,24.

Évaluation du niveau de l'écrit

Dans l'ensemble, le niveau des candidats est moyen. Les questions 1 et 2 présentaient peu de réponses argumentées et les correcteurs ont constaté de nombreuses lacunes orthographiques et syntaxiques. Les candidats n'ont pas lu rigoureusement l'énoncé des questions et n'ont pas apporté les réponses attendues ; de l'avis des correcteurs, ils doivent apprendre à mieux exploiter les documents annexés au sujet et à organiser leurs réponses.

Pour les questions 3 et 4, les candidats ont eu des difficultés à orthographier les mots demandés. Beaucoup de candidats ont obtenu la note de 0 sur 20 à la question 3.

En ce qui concerne la question 5, les pourcentages ont été souvent faux, surtout pour les pourcentages d'évolution. De même, les candidats n'ont pas su arrondir correctement les pourcentages au centième ou au millième.

En conclusion : la partie mathématiques n'a pas été bien traitée pour la majorité des candidats. L'expression écrite a manqué parfois de rigueur. De plus, les correcteurs invitent les candidats à soigner l'écriture et la présentation de leur copie.

Conformément à la réglementation en vigueur, les candidats ayant obtenu une note égale ou supérieure à 5/20 à l'épreuve écrite sont convoqués à l'épreuve orale. Le jury valide les notes attribuées par les correcteurs et arrête, lors de la réunion du 17 mai 2017, le nombre de candidats autorisés à se présenter à l'épreuve orale à 1 072 candidats (94,62 % des présents).

À noter : sur les 15 candidats reconnus travailleurs handicapés par la CDAPH et présents à l'épreuve écrite, 14 sont déclarés non éliminés et ils ont été convoqués à l'épreuve orale.

Profil des candidats convoqués à l'épreuve orale

Sur les 1 072 candidats convoqués à l'oral, 8,02 % sont des hommes et 91,98 % des femmes.

Pour la session 2017, les candidats se situent majoritairement (40,11 %) dans la tranche d'âge des 30 à 40 ans, suivis des 40 à 50 ans (34,33 %) puis des plus de 50 ans (14,37 %).

11,19 % des candidats sont âgés de 20 à 30 ans.

27,70 % des candidats présents déclarent détenir un diplôme supérieur au baccalauréat, 41,88 % se déclarent majoritairement titulaires d'un diplôme de niveau IV (baccalauréat) et seulement 26,95 % font état d'un diplôme de niveau V (BEP, CAP...). Par ailleurs, 3,47 % des candidats affirment ne détenir aucun diplôme.

À noter que 3,54 % des candidats sont domiciliés hors région Île-de-France. Les 96,46 % restants viennent de la région Île-de-France (40,21 % de la grande couronne, 40,76 % de la petite couronne et 15,49 % de la Seine-et-Marne).

10,72 % des candidats déclarent n'avoir suivi aucune préparation à l'examen professionnel, 62,50 % indiquent une préparation personnelle, 24,07 % des candidats confirment avoir bénéficié d'une préparation assurée par le Centre national de la fonction publique territoriale et 2,71 % indiquent avoir suivi une formation auprès d'autres organismes.

L'épreuve orale

L'épreuve orale s'est déroulée sur 10 jours dans les locaux de Centrex – Le Descartes 2 à Noisy-le-Grand (93), du 1er juin 2017 au 16 juin 2017.

C'est une épreuve de 15 minutes dont cinq minutes au plus d'exposé par le candidat sur son expérience professionnelle, dotée d'un coefficient 3.

L'entretien est destiné à permettre aux examinateurs d'apprécier l'expérience professionnelle du candidat, sa motivation et son aptitude à exercer les missions qui lui seront confiées. Cet entretien débute par une présentation par le candidat de son expérience professionnelle sur la base d'un document retraçant son parcours professionnel et suivie d'une conversation. Ce document, établi conformément au modèle fixé par arrêté du ministre chargé des Collectivités locales, est fourni par le candidat au moment de son inscription et remis au jury préalablement à cette épreuve.

Pour chacune des dix journées, six à huit équipes de jurys, composées de trois personnes : un élu présidait le sous-jury et était accompagné d'une personnalité qualifiée et d'un fonctionnaire territorial.

Rappel : conformément au décret nº 2013-593 du 5 juillet 2013 modifié, toute note strictement inférieure à 5/20 à l'épreuve orale entraîne l'élimination du candidat.

Un candidat ne peut être admis si la moyenne de ses notes aux épreuves (écrite et orale) est inférieure à 10 sur 20 après application des coefficients correspondants.

La prestation des candidats, lors de l'épreuve orale d'entretien est évaluée au cours de trois phases :

– première phase : l'exposé du candidat sur son expérience professionnelle (5 minutes au maximum) ;
– deuxième phase : son aptitude à exercer les missions ;
– troisième phase : tout au long de l'entretien : la motivation du candidat.

Les dix minutes restantes ont permis l'évaluation des deuxième et troisième phases.

Le jury a laissé au candidat cinq minutes pour son exposé, il a pu ensuite avoir recours à des questions posées sous forme de mises en situation. Le jury attire l'attention des candidats sur l'importance de renseigner de façon détaillée le document professionnel qui guide les examinateurs dans la conduite de l'entretien en leur permettant de poser des questions en rapport avec l'expérience professionnelle du candidat. Il convient de préciser que le document professionnel n'est pas noté.

Les 14 candidats reconnus travailleurs handicapés par la CDAPH et non éliminés à l'écrit se sont tous présentés à l'épreuve orale.

Nombre de candidats convoqués à l'épreuve orale : 1 072.

Nombre de présents à l'épreuve orale : 1 024 (95,52 %).

Note la plus basse sur 20 : 1,75.

Note la plus haute sur 20 : 19,50.

Nombre de notes supérieures ou égales à 10/20 : 555 (54,20 %).

Moyenne des notes de l'épreuve orale sur 20 : 10,32.

78 candidats (7,62 % des présents) ont été éliminés par une note strictement inférieure à 5 sur 20 à cette épreuve d'entretien.

Appréciations des jurys pour l'épreuve d'entretien

Le niveau des prestations des candidats est dans l'ensemble moyen. Les jurys souhaitent que les candidats préparent davantage leur exposé de cinq minutes et mettent en valeur leurs compétences professionnelles. Pour cela, ils doivent structurer leur discours avec une annonce de plan, faire le lien entre leurs tâches et les compétences acquises à travers leurs expériences professionnelles et définir un projet professionnel. Les jurys constatent aussi que les candidats manquent de recul et d'analyse au-delà du poste occupé. De ce fait, ils ont beaucoup de difficultés à se projeter dans les mises en situation ; ils ne savent pas se positionner et trancher et ils font trop souvent référence au supérieur hiérarchique. Par ailleurs, les deux gros points faibles sont l'absence de connaissance des missions du cadre d'emplois et la définition du service public et de ses trois grands principes.

Les candidats gagneraient aussi à être plus curieux sur l'actualité territoriale.

Malgré le manque de préparation évident à l'épreuve d'entretien, les candidats ont en général une bonne expérience professionnelle et démontrent un certain enthousiasme à exercer leurs missions, même si pour certains candidats un vocabulaire professionnel est à acquérir.

Réunion du jury d'admission

Elle s'est tenue le jeudi 29 juin 2017.

Conformément à la réglementation en vigueur, un candidat ne peut être admis si la moyenne de ses notes aux épreuves (écrite et orale) est inférieure à 10/20 après application des coefficients correspondants.

Les moyennes générales des notes (écrit et oral) ont varié de 3,25 à 18,80/20.

Le jury décide de fixer à 10/20 (50 points) le seuil d'admission, soit 559 candidats admis.

Sur les 14 candidats reconnus travailleurs handicapés par la CDAPH et présents à l'épreuve orale, 8 ont été déclarés admis par le jury.

Le taux de réussite de cette session (en baisse de 6,70 % par rapport à 2015) s'élève à 54,59 % par rapport aux 1 024 candidats présents aux deux épreuves (écrite et orale) de cet examen professionnel.

La proportion des candidats admis, domiciliés hors Île-de-France (4,11 %) est très faible dans la logique de l'organisation conventionnée sur la région Île-de-France.

On observe que sur les 559 admis, 443 candidats sont admis avec une note à l'écrit supérieure ou égale à 10/20, soit 79,24 % des admis.

Profil des candidats admis

Sur les 559 candidats admis, 8,23 % sont des hommes et 91,77 % des femmes.

Les candidats admis se situent majoritairement (43,83 %) dans la tranche d'âge des 30 à 40 ans, suivis des 40 à 50 ans (29,87 %) puis des 20 à 30 ans (14,49 %). 11,81 % des candidats sont âgés de plus de 50 ans.

20,93 % des candidats admis déclarent détenir un diplôme de niveau V (BEP, CAP…), 40,97 % être titulaires d'un diplôme de niveau IV (baccalauréat), et 35,96 % d'un diplôme supérieur au baccalauréat. Par ailleurs, 2,15 % des candidats affirment ne détenir aucun diplôme.

À noter que 4,11 % des candidats admis sont domiciliés hors région Île-de-France. Les 95,89 % restants viennent de la région Île-de-France (36,49 % de la grande couronne, 42,58 % de la petite couronne et 16,82 % de la Seine-et-Marne).

Pour cette session 2017, 8,77 % des candidats admis déclarent n'avoir suivi aucune préparation à l'examen professionnel, 59,03 % indiquent une préparation personnelle, 30,05 % des candidats confirment avoir bénéficié d'une préparation assurée par le Centre national de la fonction publique territoriale et 2,15 % indiquent avoir suivi une formation auprès d'autres organismes.

Le candidat admis ayant obtenu la meilleure moyenne générale est une femme âgée de 35 ans, titulaire d'un diplôme de niveau III, en poste dans une commune de Seine-et-Marne sur le grade d'adjoint administratif territorial de 2e classe (nouvelle appellation : adjoint administratif territorial) depuis dix ans.

Conclusion

Inscrits	1 294
Présents à l'épreuve écrite Taux de présence	1 133 87,56 %
Absents à l'épreuve écrite Taux d'absentéisme	161 12,44 %
Nombre et pourcentage des candidats éliminés (ayant une note inférieure à 5/20 à l'épreuve écrite	61 5,38 %
Candidats convoqués à l'épreuve orale	1 072
Présents à l'épreuve orale Taux de présence	1 024 95,52 %
Absents à l'épreuve orale Taux d'absentéisme	48 4,48 %
Nombre de candidats admis Seuil d'admission	559 10/20 soit 50/100 points
Taux de réussite par rapport au nombre de présents à l'ensemble des épreuves	54,59 %

Il convient de souligner que l'aptitude à exercer les missions d'un adjoint administratif territorial a été évaluée au moyen de questions posées sous forme de mises en situations professionnelles. Le jury, composé de trois personnes (un élu, un fonctionnaire territorial, une personnalité qualifiée), a pu observer que les cinq minutes réglementairement accordées aux candidats pour la présentation de leur parcours professionnel sous la forme d'un exposé ne sont pas souvent pleinement utilisées.

Les candidats gagneraient à valoriser leurs compétences acquises et à définir leur projet professionnel.

De même, les jurys constatent que les candidats ne savent pas prendre le recul nécessaire pour se sortir de leur quotidien professionnel et ils les encouragent à préparer l'entretien de façon pragmatique afin de se projeter dans les différentes missions d'un adjoint administratif territorial principal de 2e classe.

Les candidats ne doivent pas oublier qu'un examen professionnel n'est pas une simple formalité et demande un minimum de préparation. Pour cela, ils sont invités à prendre connaissance des notes de cadrage élaborées par les services pédagogiques des centres de gestion et qui sont en ligne sur leurs sites. Les informations mentionnées permettent aussi aux candidats de connaître le niveau d'exigence des jurys, le déroulement de l'épreuve et de se préparer en conséquence.

Enfin, les membres du jury déplorent que la réglementation impose que tout candidat ayant une note au moins égale à 5/20 à l'épreuve écrite puisse se présenter systématiquement à l'épreuve orale. Un grand nombre de ces candidats ne possèdent pas le niveau requis pour occuper des fonctions d'adjoint administratif territorial principal de 2e classe.

Par ailleurs, je tiens à remercier les membres du jury et les correcteurs de l'épreuve orale d'entretien qui ont auditionné 90 à 128 candidats chaque jour pendant 10 jours, à souligner leur professionnalisme, leur disponibilité et leur volonté de sélectionner les meilleurs candidats qui pourront prétendre à un avancement de grade.

Je remercie également toute l'équipe de la direction des concours du CIG de la grande couronne pour la mise en œuvre de cette opération.

La liste d'admission prendra effet le vendredi 30 juin 2017.

La présidente du jury,

Sandrine Martin
Conseillère municipale de
Saint-Martin-de-Bréthencourt

Annexe 3
Comment être recruté après la réussite au concours

Liste d'aptitude

À l'issue des concours, une liste d'aptitude classant par ordre alphabétique les candidats déclarés admis par le jury est établie par l'autorité organisatrice du concours.

L'inscription sur la liste d'aptitude est automatique en cas de réussite, sauf si le lauréat signale être déjà inscrit sur une autre liste d'aptitude du même cadre d'emplois, auquel cas il doit opter pour l'une ou l'autre liste. Ainsi, en cas de réussite simultanée à un même concours dans deux centres de gestion différents, le lauréat doit choisir de figurer sur une seule liste d'aptitude. Il doit en informer les deux centres de gestion concernés.

La liste d'aptitude mentionne les coordonnées personnelles des lauréats qui en ont autorisé expressément la publication.

La durée de la liste d'aptitude est de deux ans. Si le lauréat n'a pas été nommé à l'issue de ces deux années, il est réinscrit de droit, à la condition d'avoir fait une demande écrite dans ce sens, pour une troisième année ; de même, s'il n'est toujours pas nommé au cours de la troisième année, il est réinscrit de droit, toujours sur sa demande écrite, pour une quatrième année. Le candidat peut donc y demeurer inscrit pendant une période totale de quatre années à compter de son inscription initiale.

Recrutement

+ Dans la fonction publique territoriale, il existe une particularité : l'inscription sur la liste d'aptitude ne rend pas le recrutement automatique.

Le recrutement en qualité d'adjoint administratif principal de 2e classe ne peut intervenir qu'après inscription sur la liste d'aptitude. Les listes d'aptitude ont une validité nationale.

Le lauréat a la possibilité de choisir la collectivité au sein de laquelle il souhaite exercer son métier. Il effectue lui-même les démarches de recherche d'emploi en adressant des candidatures spontanées aux collectivités ou en répondant aux offres publiées sur les sites de bourse de l'emploi des centres de gestion.

+ Le lauréat peut faire appel aux centres de gestion qui l'aideront dans sa recherche d'emploi.

+ Pour un emploi dans les collectivités et établissements publics des départements 78-91-92-93-94-95, le lauréat peut se connecter sur le site internet *www.rdvemploipublic.fr*

+ Pour les autres départements : *emploi.fncdg.com* ou le site du centre de gestion du département concerné.

Les sites de bourse de l'emploi des centres de gestion proposent aux lauréats des concours :

– de consulter les offres d'emploi publiées par les collectivités ;

– de faire figurer leurs coordonnées personnelles sur la liste d'aptitude, facilitant ainsi la prise de contact par les collectivités ;

– de diffuser leur CV et leurs souhaits professionnels et géographiques.

Annexe 4
Comment être recruté après la réussite à l'examen professionnel

La réussite à l'examen professionnel permet au candidat de pouvoir être inscrit sur le tableau annuel d'avancement au grade d'adjoint administratif principal de 2e classe.

Dans le cadre de l'avancement de grade, la durée de validité de l'examen professionnel n'est pas limitée. Le fonctionnaire ne peut être promu que tant qu'il est inscrit sur le tableau d'avancement. Toutefois, le nombre de réinscriptions sur un tableau annuel d'avancement n'est pas limité.

Une fois inscrit sur le tableau d'avancement, la nomination de l'agent dans ce grade peut être prononcée au choix par l'autorité territoriale, sous réserve de l'existence d'un emploi vacant.

Annexe 5
Quelle carrière, quelle rémunération ?

Nomination

Une fois recruté, le lauréat est nommé dans le grade d'adjoint administratif principal de 2e classe en qualité de stagiaire. Le stage d'une durée d'un an est une période au cours de laquelle seront appréciées les connaissances professionnelles, l'aptitude de l'agent, sa motivation, etc. Cette période peut être, à titre exceptionnel, prolongée d'une durée maximale d'un an par l'autorité territoriale, après avis de la commission administrative paritaire.

Formation

Dans l'année suivant leur nomination, les agents sont soumis à une formation d'intégration obligatoire d'une durée de cinq jours. Cette formation a pour objectif de favoriser l'intégration des fonctionnaires par l'acquisition de connaissances relatives à l'environnement professionnel territorial.

Dans un délai de deux ans après leur nomination, ils sont tenus de suivre une formation de professionnalisation au premier emploi d'une durée totale de trois jours.

À l'issue du délai de deux ans précité, une formation de professionnalisation tout au long de la carrière à raison de deux jours par période de cinq ans doit leur être dispensée. Cette formation a pour but de permettre leur adaptation à l'emploi et le maintien à niveau de leurs compétences.

Lorsqu'ils accèdent à un poste d'encadrement, les adjoints administratifs principaux de 2e classe doivent suivre, dans un délai de six mois à compter de leur affectation, une formation d'une durée de trois jours.

Ces formations sont dispensées par le CNFPT.

Titularisation

À l'issue de la période de stage, le stagiaire est titularisé par l'autorité territoriale au vu notamment de l'attestation de suivi de la formation d'intégration établie par le CNFPT.

Lorsque la titularisation n'est pas prononcée, le stagiaire est soit licencié s'il n'avait pas auparavant la qualité de fonctionnaire, soit réintégré dans son cadre d'emplois, corps ou emploi d'origine, s'il était déjà titulaire d'un grade.

Le refus de titularisation du stagiaire est soumis à l'avis de la commission administrative paritaire.

Une fois titularisé, l'agent bénéficiera d'avancements d'échelons liés à son ancienneté.

Avancement de grade

Sous réserve de l'existence d'un poste vacant, la nomination au grade supérieur est prononcée au choix par l'autorité territoriale, après inscription sur un tableau annuel d'avancement, établi par ordre de mérite après avis de la commission administrative paritaire.

Cadre d'emplois des adjoints administratifs territoriaux (catégorie C)

Adjoint administratif principal de 1re classe - 3e grade

Recrutement par avancement de grade

Conditions pour bénéficier de l'avancement de grade :

Justifier d'au moins 1 an d'ancienneté dans le 4e échelon du grade d'adjoint administratif principal de 2e classe

+

Compter au moins 5 ans de services effectifs dans ce grade ou dans un grade d'un autre corps ou cadre d'emplois de catégorie C doté de la même échelle de rémunération, ou dans un grade équivalent si le corps ou cadre d'emplois d'origine est situé dans une échelle de rémunération différente ou n'est pas classé en catégorie C

⇧

Adjoint administratif principal de 2e classe - 2e grade

Recrutement par concours, examen de promotion interne ou avancement de grade

Conditions pour bénéficier de l'avancement de grade :

Avoir au moins 1 an d'ancienneté dans le 5e échelon du grade d'adjoint administratif

+

Compter au moins 8 ans de services effectifs dans ce grade ou dans un grade doté de la même échelle de rémunération d'un autre corps ou cadre d'emplois de catégorie C, ou dans un grade équivalent si le corps ou cadre d'emplois d'origine est situé dans une échelle de rémunération différente ou n'est pas classé en catégorie C

Ou

Avoir atteint au moins le 4e échelon du grade d'adjoint administratif

+

Compter au moins 3 ans de services effectifs dans ce grade ou dans un grade d'un autre corps ou cadre d'emplois de catégorie C doté de la même échelle de rémunération, ou dans un grade équivalent si le corps ou cadre d'emplois d'origine est situé dans une échelle de rémunération différente ou n'est pas classé en catégorie C

+

Réussir l'examen professionnel

⇧

Adjoint administratif - 1er grade

Recrutement par concours

Rémunération

La rémunération comprend le traitement de base auquel peuvent s'ajouter différents éléments de rémunération (l'indemnité de résidence, le supplément familial de traitement, le régime indemnitaire, la nouvelle bonification indiciaire).

Adjoint administratif [début de carrière]

[1er échelon – indice majoré 326] 1 527,64 € [1] + IR [2] + SFT [3] + RI [4] + NBI [5]

Adjoint administratif [fin de carrière]

[11e échelon – indice majoré 367] 1 719,77 € [1] + IR [2] + SFT [3] + RI [4] + NBI [5]

Adjoint administratif principal de 2e classe [début de carrière]

[1er échelon – indice majoré 328] 1 537,02 € [1] + IR [2] + SFT [3] + RI [4] + NBI [5]

Adjoint administratif principal de 2e classe [fin de carrière]

[12e échelon – indice majoré 418] 1 958,76 € [1] + IR [2] + SFT [3] + RI [4] + NBI [5]

Adjoint administratif principal de 2e classe [début de carrière]

[1er échelon – indice majoré 350] 1 640,11 € [1] + IR [2] + SFT [3] + RI [4] + NBI [5]

Adjoint administratif principal de 2e classe [fin de carrière]

[10e échelon – indice majoré 466] 2 183,69 € [1] + IR [2] + SFT [3] + RI [4] + NBI [5]

1. Indice majoré et traitement brut mensuel prévus à compter du 5 décembre 2018.
2. IR : l'indemnité de résidence est à 3 % du traitement brut en région parisienne.
3. SFT : le supplément familial de traitement est versé au titre des enfants à charge.
4. RI : le régime indemnitaire peut être attribué par la collectivité selon les textes en vigueur.
5. NBI : la nouvelle bonification indiciaire peut être attribuée par la collectivité selon les fonctions exercées.

Annexe 6
Références législatives et réglementaires

Loi n° 83-634 du 13 juillet 1983 modifiée portant droits et obligations des fonctionnaires.

Loi n° 84-53 du 26 janvier 1984 modifiée portant dispositions statutaires relatives à la fonction publique territoriale.

Décret n° 2006-1960 du 22 décembre 2006 modifié portant statut particulier du cadre d'emplois des adjoints administratifs territoriaux.

Décret n° 2007-109 du 29 janvier 2007 modifié fixant les modalités d'organisation des concours pour le recrutement des adjoints administratifs territoriaux de 1re classe.

Arrêté du 29 janvier 2007 fixant le programme des matières des épreuves des concours pour le recrutement des adjoints administratifs territoriaux de 1re classe.

Décret n° 2007-113 du 29 janvier 2007 modifié fixant les modalités d'organisation des examens professionnels prévus à l'article 10 du décret n° 2006-1690 du 22 décembre 2006 modifié.

Décret n° 2007-196 du 13 février 2007 modifié relatif aux équivalences de diplômes requises pour se présenter aux concours d'accès aux corps et cadres d'emplois de la fonction publique.

Décret n° 2013-593 du 5 juillet 2013 relatif aux conditions générales de recrutement et d'avancement de grade et portant dispositions statutaires diverses applicables aux fonctionnaires de la fonction publique territoriale.

Décret n° 2016-596 du 12 mai 2016 relatif à l'organisation des carrières des fonctionnaires de catégorie C de la fonction publique territoriale.

Décret n° 2016-1372 du 12 octobre 2016 modifiant, pour la fonction publique territoriale, certaines dispositions générales relatives aux fonctionnaires de catégorie C et divers statuts particuliers de cadres d'emplois de fonctionnaires de catégorie C et B.

+ Si vous souhaitez consulter ces textes, vous pouvez utilement vous connecter sur les sites *www.bifp.fonction-publique.gouv.fr* ou *www.legifrance.gouv.fr*

LEXIQUE

Admissibilité : les concours se déroulent en général en deux phases, la première phase est celle des épreuves écrites à l'issue de laquelle le jury dresse la liste des candidats admissibles autorisés à se présenter à la deuxième phase, la phase d'admission.

Admission : après la phase d'admissibilité, les candidats déclarés admissibles sont autorisés à participer à la phase d'admission, composée d'épreuves orale et éventuellement pratique, et à l'issue de laquelle le jury dresse la liste des candidats admis.

Annales : recueil des épreuves des précédentes sessions des concours et examens professionnels.

Avancement de grade : les fonctionnaires territoriaux peuvent bénéficier, sous certaines conditions d'ancienneté, de poste vacant et parfois de réussite à un examen professionnel, de décisions d'avancement de grade, correspondant à un changement de grade à l'intérieur d'un cadre d'emplois et permettant l'accès à un niveau de fonctions et d'emplois plus élevé.

Bourse de l'emploi : les bourses de l'emploi proposées par les centres de gestion visent à favoriser l'accès à la fonction publique territoriale et à la mobilité professionnelle et géographique en diffusant les offres des collectivités et en constituant un vivier de candidatures consultables par les collectivités (voir page « Informations pratiques »).

Cadre d'emplois : la fonction publique territoriale est organisée en cadres d'emplois, qui sont au nombre de 53. Un cadre d'emplois regroupe les fonctionnaires soumis au même statut particulier, titulaires d'un grade leur donnant vocation à occuper un ensemble d'emplois. Le statut particulier définit les règles d'accès au concours, de déroulement de carrière, de formation, de promotion... Le cadre d'emplois peut regrouper plusieurs grades : un grade initial et un ou plusieurs grades d'avancement.

CAP (commission administrative paritaire) : la commission administrative paritaire est une instance consultative, composée en nombre égal de représentants des collectivités territoriales et de leurs établissements publics d'une part, et de représentants des fonctionnaires d'autre part. La CAP a pour rôle de donner son avis ou d'émettre des propositions, avant que l'autorité territoriale ne prenne sa décision, sur des questions d'ordre individuel liées à la situation et à la carrière des fonctionnaires.

Catégorie : les cadres d'emplois sont classés en catégories A, B, et C correspondant à la nature des fonctions et au degré de qualification exigé des agents. Catégorie A : fonctions de direction et de conception. Catégorie B : fonctions d'application. Catégorie C : fonctions d'exécution.

Centre de gestion : les centres de gestion sont des établissements publics locaux, à caractère administratif, dirigés par un conseil d'administration. Leur mission générale est d'assurer le suivi de la gestion des cadres d'emplois de fonctionnaires territoriaux. Ils sont notamment chargés de l'organisation de la plupart des concours et examens professionnels.

CDG, CIG : hormis pour l'Île-de-France, les centres de gestion sont organisés dans chaque département (CDG : centre départemental de gestion). Pour la région Île-de-France, il y a trois centres de gestion : le centre départemental de gestion de la Seine-et-Marne, ainsi que deux centres interdépartementaux (CIG : Centre interdépartemental de gestion) : le CIG de la grande couronne pour les départements de l'Essonne, du Val-d'Oise et des Yvelines et le CIG de la petite couronne pour les départements des Hauts-de-Seine, de la Seine-Saint-Denis et du Val-de-Marne.

CNFPT (Centre national de la fonction publique territoriale) : le CNFPT est un établissement public national à caractère administratif. Il est notamment chargé des actions de formation des agents territoriaux et de l'organisation de quelques concours et examens professionnels de catégorie A.

Concours externe : il s'adresse aux candidats extérieurs à la fonction publique. L'accès à ce type de concours est généralement subordonné à des conditions de diplôme ou de niveau d'études.

Concours interne : il est ouvert aux fonctionnaires en activité, en détachement, en congé parental ou accomplissant le service national ; aux agents des collectivités territoriales, fonctionnaires et agents de l'État et des établissements publics, militaires et magistrats ; aux personnes en fonction dans une organisation internationale intergouvernementale. Les candidats doivent avoir accompli une certaine durée de services publics.

Concours sur titre : ce type de concours est prévu pour l'accès aux cadres d'emplois nécessitant une expérience ou une formation préalable. Le candidat doit alors être en possession de titre ou diplôme prévu par le statut particulier du cadre d'emplois.

Échelon : le fonctionnaire territorial bénéficie d'avancements d'échelons liés à son ancienneté. Le nombre d'échelons de chaque grade, ainsi que la durée à passer dans l'échelon sont fixés par le statut particulier du cadre d'emplois.

Équivalence de diplôme : l'accès aux concours de la fonction publique territoriale qui nécessitent la possession de certains diplômes nationaux est possible pour des candidats ne détenant pas ces diplômes, mais justifiant de qualifications au moins équivalentes (voir le document : « Comment accéder à la fonction publique territoriale sans diplôme » sur le site du CIG petite couronne : *www.cig929394.fr*).

Examen professionnel : les fonctionnaires territoriaux ont vocation à bénéficier de décisions d'avancement de grade ou de promotion interne. Ces évolutions de carrière peuvent être subordonnées à une ou plusieurs conditions d'ancienneté, de durée de service, d'âge ou de réussite à un examen professionnel.

Filière : par commodité, les cadres d'emplois de la fonction publique territoriale sont regroupés en filières, qui désignent le secteur d'activité commun à plusieurs d'entre eux. Ces filières sont au nombre de huit : administrative, technique, sapeurs-pompiers professionnels, police municipale, culturelle, sportive, animation, médico-sociale.

FNCDG (Fédération nationale des centres de gestion) : la FNCDG est une association de la loi de 1901 dirigée par un conseil d'administration de 40 membres, présidents de centres de gestion. Elle se compose des présidents en exercice, représentant les centres de gestion adhérents à la Fédération. Elle coordonne les orientations et l'action des centres, les représente auprès des pouvoirs publics, prend position sur les projets des textes législatifs et réglementaires, et promeut la fonction publique territoriale.

Fonction publique territoriale : la fonction publique territoriale regroupe les agents qui exercent leurs fonctions au sein des collectivités territoriales (communes, départements et régions) et des établissements publics locaux (CCAS, communautés urbaines, communautés de communes, communautés d'agglomérations, syndicats intercommunaux, etc.). La loi n° 84-53 du 26 janvier 1984 pose les principes généraux définissant le cadre d'action et d'organisation de cette fonction publique.

Formation professionnelle : les fonctionnaires territoriaux bénéficient d'actions de formation obligatoires qui accompagnent la titularisation et le déroulement de carrière. Ils peuvent également suivre des formations de perfectionnement et de préparation aux concours.

Grade : les fonctionnaires territoriaux sont titulaires d'un grade leur donnant vocation à occuper les emplois correspondant à ce grade.

Jury : les jurys de concours et d'examens sont composés à parité de trois « collèges », représentant les élus locaux, les fonctionnaires territoriaux et des personnalités qualifiées.

Liste d'aptitude : à l'issue du concours, une liste d'aptitude est établie. Les candidats admis au concours et déclarés aptes par le jury sont inscrits sur cette liste par ordre alphabétique. L'inscription sur une liste d'aptitude ne vaut pas nomination. Elle permet aux lauréats inscrits sur la liste de postuler aux emplois vacants des collectivités territoriales.

Promotion interne : les fonctionnaires justifiant d'une certaine expérience professionnelle bénéficient de possibilités particulières d'accès aux cadres d'emplois de niveau supérieur au titre de la promotion interne. À des conditions d'ancienneté et de formation obligatoire peut s'ajouter l'obligation de réussite à un examen professionnel.

QCM : questionnaire à choix multiple. On retrouve ce type d'épreuve dans certains concours de catégorie C.

RED (reconnaissance d'équivalence de diplôme) : voir équivalence de diplôme.

REP (reconnaissance d'équivalence professionnelle) : voir équivalence de diplôme.

Spécialités et options : certains concours peuvent être ouverts dans une ou plusieurs spécialités ; dans chacune de ces spécialités, peuvent être ouvertes une ou plusieurs options. Le candidat choisit au moment de son inscription la spécialité et l'option dans lesquelles il souhaite concourir.

Stage : le stage est une période probatoire au cours de laquelle sont appréciées les aptitudes professionnelles et la manière de servir de l'agent qui vient d'être nommé dans un grade.

Statut : l'existence d'un statut général unique de la fonction publique est affirmée dans la loi n° 83-634 du 13 juillet 1983, dite « titre I » du statut général. Des textes législatifs particuliers permettent la prise en compte de la spécificité de chaque fonction publique. Les titres I et III de la loi n° 84-53 du 26 janvier 1984, dite « titre III », constitue, avec le titre I, le statut des fonctionnaires territoriaux. Les lois relatives à la fonction publique de l'État et à la fonction publique hospitalière constituant respectivement les titres II et IV du statut général. Ces dispositions ont par la suite été complétées ou modifiées par d'autres textes législatifs ou réglementaires.

Titularisation : c'est la décision qui confère à un agent la qualité de fonctionnaire, après nomination dans un emploi permanent et une période probatoire (stage).

3e concours : les candidats à ce concours doivent justifier de l'exercice pendant une durée déterminée d'une ou plusieurs activités professionnelles, ou d'un ou plusieurs mandats de membre d'une assemblée élue d'une collectivité territoriale, ou d'une ou plusieurs activités en qualité de responsable d'une association. La durée de ces activités ou mandats ne peut être prise en compte que si les intéressés n'avaient pas, lorsqu'ils les exerçaient, la qualité de fonctionnaire, de magistrat, de militaire ou d'agent public. Le cumul de plusieurs activités ou mandats peut être pris en compte dans le décompte de la durée de l'expérience professionnelle, dès lors que ces activités ne sont pas exercées sur les mêmes périodes.

BIBLIOGRAPHIE

Pour vous aider à préparer votre concours, nous vous conseillons les ouvrages suivants :

Chez le même éditeur

Dans la collection « Annales corrigées »

L'édition précédente

Adjoint administratif principal de 2e classe 2018. Concours et examen professionnel. Catégorie C

Dans la collection « Formation Administration Concours »

La note
Pierre Gévart et Hervé Macquart
2017

Les questions sociales aux concours
Suzanne Maury
2016

L'entretien avec le jury
Chantal Perrin-Van Hille
2017

Dans la collection « Découverte de la vie publique »*

Les collectivités territoriales et la décentralisation
Michel Verpeaux, Christine Rimbault, Franck Waserman
2018 (11e édition)

Fonction publique territoriale. Le statut en bref
Frédéric Espinasse et Philippe David
2019

* Les contenus de la collection « Découverte de la vie publique » sont également disponibles en ligne sur notre site *vie-publique.fr*, rubrique « Découverte des institutions » : *http://www.vie-publique.fr/decouverte-institutions/*

ANNALES CORRIGÉES
CONCOURS DE LA FONCTION PUBLIQUE TERRITORIALE

Annales officielles des organisateurs des concours

Issue d'un travail concerté entre centres de gestion, la collection des Annales corrigées rassemble l'essentiel de ce qu'il faut connaître pour se préparer efficacement aux concours et aux examens professionnels : présentation du cadre professionnel et des missions ; guide pratique pour chacune des épreuves ; sujets d'entraînement et corrigés des épreuves écrites, pratiques et orales des sessions précédentes ; exemples de « bonnes copies » avec les appréciations des correcteurs ; toutes les informations utiles sur les attentes du jury, etc.

Filière administrative

Catégorie A

Attaché territorial
Concours
2019-2020, *parution décembre 2019*
2018, 28 €

Attaché territorial principal
Examen
2019, 14 €
2017, 14 €

Catégorie B

Rédacteur,
Rédacteur principal de 2e classe
Concours
2019, 22 €
2017, 22 €

Rédacteur principal de 2e et 1re classe
Examens
2018, 22 €
2016, 22 €

Catégorie C

Adjoint administratif principal de 2e classe
Concours
2018, 12 €
2016, 14 €
Concours et examen
2020-2021, *parution juin 2019*, 14 €

Filière technique

Catégorie A

Ingénieur territorial
Concours
2019, spécialité I, 26 €
2019, spécialité II, 26 €
2017, spécialité I, 26 €
2017, spécialité II, 26 €

Ingénieur territorial
Examen
2020, spécialité I, *parution octobre 2019*, 24 €
2020, spécialité II, *parution octobre 2019*, 24 €

Spécialités I : Ingénierie, gestion technique et architecture • Infrastructure et réseaux • Urbanisme, aménagement et paysages
Spécialités II : Prévention et gestion des risques • Informatique et systèmes d'information

Catégorie B

Technicien,
Technicien principal de 2e classe
Concours
2020, spécialité I, *parution août 2019*, 22 €
2020, spécialité II, *parution août 2019*, 22 €
2018, spécialité I, 20 €
2018, spécialité II, 20 €

Technicien principal de 2e classe et 1re classe
Examens
2019, spécialité I, 22 €
2019, spécialité II, 22 €

Spécialités I : Bâtiment, génie civil • Réseaux, voirie et infrastructures • Aménagement urbain et développement durable • Déplacements, transports • Espaces verts et naturels

Spécialités II : Prévention et gestion des risques, hygiène, restauration • Ingénierie, informatique et systèmes d'information • Services et interventions techniques • Métiers du spectacle • Artisanat et métiers d'art

Catégorie C

Agent de maîtrise
Concours et examen
2019, 18 €
2017, 18 €

Adjoint technique principal de 2e classe
Concours et examen
2020, *parution mai 2019*, 18 €
2018, 18 €

Filière culturelle

Catégorie A

Attaché de conservation du patrimoine
Concours
2016, 28 €

Catégorie B

Assistant,
Assistant de conservation principal de 2e et 1re classe du patrimoine et des bibliothèques
Concours et examens
2020, *parution septembre 2019*, 24 €
2020, *parution septembre 2019*, 24 €
2018-2019, spécialité I, 24 €
2018-2019, spécialité II, 24 €

Spécialités I : Musée. Bibliothèque
Spécialités II : Archives. Documentation

Catégorie C

Adjoint du patrimoine de 2e classe
Concours et examen
2018-2019, 16 €

Filière médico-sociale

Catégorie B

Assistant socio-éducatif,
Assistant de service social,
Conseiller en économie sociale et familiale. Éducateur spécialisé
Concours
2020, *parution novembre 2019*, 14 €
2016, 14 €

Catégorie C

ATSEM - Agent territorial spécialisé des écoles maternelles principal de 2e classe
Concours
2019, *parution mars 2019*, 12 €
2017, 12 €

Filière sportive

Catégorie B

Éducateur des activités physiques et sportives,
Éducateur principal de 2e et 1re classe
Concours et examen
2019-2020, 22 €

Filière animation

Catégorie B

Animateur,
Animateur principal de 2e classe
Concours
2019, 16 €
2017, 16 €

Animateur principal de 2e et 1re classe
Examens
2016, 14 €

Catégorie C

Adjoint d'animation principal de 2e classe
Concours et examen
2019-2020, 16 €

Filière sécurité

Catégorie C

Gardien-brigadier de police municipale
Concours
2019, *parution avril 2019*, 10 €
2018, 10 €

B.M.
SÈVRES

Imprimerie de la Direction de l'information légale et administrative
N° 612190050-000419 – Dépôt légal : avril 2019

PEFC 10-31-2190 / Certifié PEFC IMPRIM'VERT®